Kohlhammer

Pädagogik kontrovers

Herausgegeben von Bernd Ahrbeck, Karl-Heinz Dammer, Marion Felder und Anne Kirschner

Eine Übersicht aller lieferbaren und im Buchhandel angekündigten Bände der Reihe finden Sie unter:

 https://shop.kohlhammer.de/paedagogik-kontrovers

Der Herausgeber, die Herausgeberin

Bernd Ahrbeck, Prof. Dr., Diplom-Psychologe, Erziehungswissenschaftler, Psychoanalytiker. International Psychoanalytic University Berlin (IPU).

Marion Felder, Prof. Dr., Diplom-Heilpädagogin, Master of Education (M. Ed.). Hochschule Koblenz, Fachbereich Sozialwissenschaften.

Bernd Ahrbeck, Marion Felder
(Hrsg.)

Wege und Irrwege der Sexualpädagogik

Verlag W. Kohlhammer

Dieses Werk einschließlich aller seiner Teile ist urheberrechtlich geschützt. Jede Verwendung außerhalb der engen Grenzen des Urheberrechts ist ohne Zustimmung des Verlags unzulässig und strafbar. Das gilt insbesondere für Vervielfältigungen, Übersetzungen, Mikroverfilmungen und für die Einspeicherung und Verarbeitung in elektronischen Systemen.

Die Wiedergabe von Warenbezeichnungen, Handelsnamen und sonstigen Kennzeichen in diesem Buch berechtigt nicht zu der Annahme, dass diese von jedermann frei benutzt werden dürfen. Vielmehr kann es sich auch dann um eingetragene Warenzeichen oder sonstige geschützte Kennzeichen handeln, wenn sie nicht eigens als solche gekennzeichnet sind.

Es konnten nicht alle Rechtsinhaber von Abbildungen ermittelt werden. Sollte dem Verlag gegenüber der Nachweis der Rechtsinhaberschaft geführt werden, wird das branchenübliche Honorar nachträglich gezahlt.

Dieses Werk enthält Hinweise/Links zu externen Websites Dritter, auf deren Inhalt der Verlag keinen Einfluss hat und die der Haftung der jeweiligen Seitenanbieter oder -betreiber unterliegen. Zum Zeitpunkt der Verlinkung wurden die externen Websites auf mögliche Rechtsverstöße überprüft und dabei keine Rechtsverletzung festgestellt. Ohne konkrete Hinweise auf eine solche Rechtsverletzung ist eine permanente inhaltliche Kontrolle der verlinkten Seiten nicht zumutbar. Sollten jedoch Rechtsverletzungen bekannt werden, werden die betroffenen externen Links soweit möglich unverzüglich entfernt.

1. Auflage 2024

Alle Rechte vorbehalten
© W. Kohlhammer GmbH, Stuttgart
Gesamtherstellung: W. Kohlhammer GmbH, Stuttgart

Print:
ISBN 978-3-17-044101-9

E-Book-Formate:
pdf: ISBN 978-3-17-044102-6
epub: ISBN 978-3-17-044103-3

Inhaltsverzeichnis

Zur Konzeption der Buchreihe »Pädagogik kontrovers«   7

Vorwort   9
Bernd Ahrbeck & Marion Felder

1   Sexualpädagogik heute. Eine Kritik – Rückblick
und Ausblick   15
Bernd Ahrbeck & Marion Felder

2   Fehleinschätzungen in der Sexualpädagogik   49
Karla Etschenberg

3   Mädchen und junge Frauen mit
Autismus-Spektrum-Störung, Genderdysphorie
und Sexualpädagogik   81
Monika Klissenbauer

4   Körper als Orte der Freude? Neue Aufträge an
die Sexualpädagogik   94
Simone Danz

5   Moderne Familienplanung,
Reproduktionsmedizin und ihre Auswirkungen
auf die Sexualbildung   123
Heike Stammer

Inhaltsverzeichnis

6　Sollte ›queere Theologie‹ Teil einer vielfaltsorientierten inklusiven Religionspädagogik sein? Eine kritische Prüfung　　151
Jantine Nierop

AutorInnenverzeichnis　　170

Zur Konzeption der Buchreihe »Pädagogik kontrovers«

Seit ihrer Entstehung als wissenschaftliche Disziplin im ausgehenden 18. Jahrhundert ist die Pädagogik ein widersprüchlicher und damit auch exemplarischer Ort für Kontroversen. Erkennbar wird dies bereits bei ihrem Begründer Rousseau, der in seinem Erziehungsroman *Émile ou de l'Éducation* den Erzieher vor die Alternative stellt, einen Menschen oder einen Bürger zu erziehen, sich also an den Entwicklungspotenzialen des Individuums zu orientieren und zu ihrer ungehinderten Entfaltung beizutragen oder ein auf gesellschaftliche Zwecke hin ausgerichtetes Wesen hervorzubringen; beides zugleich, so sagt Rousseau ausdrücklich, sei unmöglich. Wenig später wird diese Dichotomie in Deutschland als programmatischer Streit zwischen den am nützlichen Bürger interessierten Aufklärungspädagogen und den Neuhumanisten als emphatischen Verteidigern des sich frei bildenden Individuums erneut ausgefochten.

Im Kern ist dieser Streit bis heute nicht geschlichtet, wie beispielsweise die Auseinandersetzung um den auf Nützlichkeit fokussierten Bildungsbegriff zeigt, der der PISA-Studie zugrundeliegt. In den Debatten wird erkennbar, dass Erziehungs- und Bildungskontroversen nicht nur ein zentraler Reflexionsmodus der Disziplin sind, sondern dass mit der Frage »Bildung und Erziehung wozu?« auch immer wieder neu zu führende Aushandlungsprozesse von Gesellschaft- und Menschenbildern verbunden sind.

Diese kritische Funktion der Pädagogik scheint nun seit einiger Zeit zugunsten unterschiedlicher, aber stets widerspruchsfrei erscheinender und moralisch hoch aufgeladener Diskurse in den Hintergrund zu treten: Chancengleichheit – vor der Jahrhundertwende noch ein beispielhaftes bildungspolitisches Streitthema – wird nun einhellig gefordert, Vielfalt ist wertzuschätzen, Inklusion hat sich

Zur Konzeption der Buchreihe »Pädagogik kontrovers«

normativ immunisiert und empirische Messungen konnten sich bildungspolitisch als der vermeintlich einzig gültige Maßstab für die Qualität von Schulen und Unterricht etablieren. Damit verschiebt sich pädagogisches Denken von einem streitbaren Ort in Richtung einer Konsenszone, in der die gesellschaftspolitische Dimension der pädagogischen Kritik zunehmend an den Rand gedrängt wird.

Die Reihe »Pädagogische Kontroversen« will, an diese kritische Funktion der Pädagogik anknüpfend, wieder Kontroversen initiieren, indem sie nach der Berechtigung des als selbstverständlich Geltenden fragt, andere Sichtweisen einbringt und auf diese Weise für produktive Irritationen sorgen und Denkanlässe schaffen möchte, um ideologische Moden (wieder) erkennbar und zum Gegenstand von Streit werden zu lassen.

Da die Bedeutung pädagogischer Kontroversen, wie eingangs angedeutet, über die Erziehung hinausweist, wird der Begriff »pädagogisch« hier nicht nur als erziehungswissenschaftlicher verstanden, sondern es geht dabei auch um die gesellschaftlichen, psychologischen und philosophischen Implikationen der Kontroversen.

Geplant sind Sammelbände oder Monographien zu entsprechenden Themen, verfasst von Fachleuten aus Wissenschaft und Praxis unterschiedlicher Disziplinen (Erziehungswissenschaft, Soziologie, Philosophie, Psychologie). Die Buchreihe wendet sich aber explizit nicht nur an die Fachgemeinde, sondern an alle Personenkreise, die an bildungspolitischen Fragen und offener gesellschaftlicher Auseinandersetzung interessiert sind. Mit Blick auf diesen weiten Adressatenkreis werden auch unterschiedliche Darstellungsformen gewählt, also neben konventionellen wissenschaftlichen Beiträgen auch essayistische Reflexionen, um neue Denkräume zwischen wissenschaftlichem Fachbuch und populärem Sachbuch zu schaffen und der öffentlichen Debatte um Erziehungsfragen neue Impulse zu geben.

Vorwort

Bernd Ahrbeck & Marion Felder

Zu Beginn des Jahres 2024 wurde der Abschlussbericht zur Aufdeckung des pädophilen Netzwerks um Helmut Kentler vorgestellt (Baader et al. 2024). Kentler war ein Pädagogikprofessor, der über drei Jahrzehnte, bis in die frühen 2000er Jahre hinein, Jugendliche in Notlagen mithilfe des Berliner Landesjugendamts an pädophile Ziehväter vermittelt hatte. Der Bericht bestätigt auch, was früher nur vermutet wurde: Kentler selbst hat Jugendliche massiv sexuell missbraucht. Strafrechtlich konnte er nicht mehr verfolgt werden, weil die Taten bereits verjährt oder noch gar nicht bekannt waren. Kentler starb 2008.

Der Abschlussbericht zeigt auf erschreckende Weise, wie weit Helmut Kentlers pädophiles Netzwerk reichte, bis tief in Universitäten, Behörden, Pflegekinderhilfen und Kirchen der gesamten Republik hinein. Kentler hat aus voller Überzeugung gehandelt. In der sexuellen Stimulierung, die psychosozial stark belastete Jugendliche erfuhren, sprich: ertragen mussten, sah er ein vorwärtstreibendes Element. Man mag es kaum aussprechen: Sie sollte zu einer Stärkung der Persönlichkeit führen, getreu der Annahme, dass die sexuelle Aktivierung für eine gelungene psychische Entwicklung unerlässlich ist.

Die Personen »des Beziehungsgeflechts zeichnen sich [...] dadurch aus, dass sie ›pädagogische Reformgedanken‹ [...] teilten, die dazu beitrugen, sexualisierte Gewalt im Zuge von Befreiungsrhetoriken, Neuausrichtungen oder sog. ›Experimenten‹ zu legitimieren und zugleich zu verdecken [...], indem sie sich selbst als zentrale Akteure von Reformkonzepten positionierten, zu deren Sprecher, Vertreter und Deuter sie sich machten« (Baader et al. 2024, S. 15).

Vorwort

Der Fall Kentler belegt, wohin Vorstellungen einer grenzenlos befreiten Sexualität führen können und wie selbst Wissenschaftler sexuellen Missbrauch geduldet oder ignoriert haben. Baader et al. (2024) bezeichnen diese Personen als »Bystander«, die von einem gefährlichen und grenzverletzenden Geschehen wussten, aber nicht eingriffen. Trotz des Elends, das Kentler über unzählige junge Menschen gebracht hat, leben seine Ideen zur Sexualität und Sexualerziehung bis heute fort. Sie bilden eine wesentliche Grundlage der »Sexualpädagogik der Vielfalt«, die in weiten Bereichen die Sexualbildung in Deutschland und anderen Ländern bestimmt. »Kentlers Einfluss auf die heutige ›sexuelle Bildung‹, die der Forderung ›Lernen durch Tun‹ folgt, ist enorm, wenn auch kaum diskutiert« (Voigt 2024, S. 6).

Die Befreiung aus gesellschaftlichen Zwängen ist ein uralter Traum, der über die Generationen fortwährt und jeweils zeittypische Ausdrucksformen annimmt. Gegenwärtig sind es die Themen Gender und Transgender, die Befreiungsvisionen bedienen. Das Geschlecht, selbst das biologische, wird zu einer sozialen Konstruktion verklärt, die zu verändern in das Belieben des Einzelnen gestellt wird. Dem sind kaum noch Grenzen gesetzt, auch hinsichtlich des Lebensalters. Nach dem neuen Selbstbestimmungsgesetz können bereits 14-Jährige standesamtlich ihr Geschlecht per Sprachakt wechseln, mit familienrichterlicher Unterstützung auch gegen das Votum ihrer Eltern. Ihrem Willen soll gefolgt werden. Einer psychiatrisch-psychotherapeutischen Begutachtung bedarf es nicht mehr, da sie als diskriminierend gilt.

Dieser transaffirmative Weg wird auch durch die »Neue-S2k-Leitlinie-zu-Geschlechtsinkongruenz-und-dysphorie-im-Kindes-und-Jugendalter« gestärkt. »Man verlegt sich darauf, den Transitionswunsch gar nicht mehr zu hinterfragen« (Korte in Louis 2024, S. 2). Die hohen psychischen Belastungen dieser Personengruppe gelten primär als Folge sozialer Diskriminierung. Der Einsatz von Pubertätsblockern gehört jetzt zu den gängigen Behandlungsempfehlungen, ohne dass Altersgrenzen formuliert werden. Gleiches gilt für irreversible geschlechtsangleichende Operationen. Entscheidend sei der psychische Entwicklungsstand der Kinder und Jugendlichen, ihre Fähigkeit, über sich selbst zu entscheiden. Damit wird wesentlich der nicht unumstrittenen »World Professional Association for Transgender Health« gefolgt. Diese Leitlinie beruht auf einer Konsensentscheidung, keiner gesicherten Empirie.

»Aussagekräftige Langzeitstudien fehlen bisher. Die aktuelle Studienlage deutet derzeit nicht darauf hin, dass sich die GD [Geschlechtsdyphorie] im Speziellen und die psychische Gesundheit im Allgemeinen im Verlauf der weiteren Entwicklung nach Gabe von PB [Pubertätsblockern] oder CSH [Cross-Sex-Hormonen] bedeutsam verbessern« (Zepf et al. 2024, S. 1).

Deshalb hat in Ländern wie Dänemark, Finnland, Norwegen und Schweden ein Umdenken eingesetzt. In England kommt der Cass Review (NHS England and NHS Improvement 2024) zu dem Schluss, dass dem transaffirmativen Weg die wissenschaftliche Evidenz fehlt. In allen Bereichen: von sozialer Transition bis hin zu pharmakologischen und operativen Behandlungen. Der Bericht mahnt insbesondere bei pharmakologischen Interventionen zu größter Vorsicht. Die Gabe von Pubertätsblockern wird in England nur noch unter strikten klinischen Versuchsbedingungen und in einigen Privatkliniken erlaubt (John 2024). Auch Schottland schließt sich den Erkenntnissen des Cass Review an. Unter 18-Jährige erhalten keine Gegenhormone mehr (McCool 2024). In Deutschland hingegen wird das transaffirmative Modell unbeirrt durchgesetzt.

Die skandalösen Handlungen und Überzeugungen Kentlers haben inzwischen eine breite Öffentlichkeit erreicht. Sie stoßen auf Empörung und Ablehnung, zugleich unterbleibt jedoch, von wenigen Ausnahmen abgesehen, eine Auseinandersetzung mit ihren sexualpädagogischen Folgen, die bis heute währen (Andresen & Tippelt 2018; Baader 2018). Hier herrscht überwiegend Schweigen. Im Falle der Genderdysphorie und Transsexualität verhält es sich anders. Dort sind heftige Kämpfe entbrannt, mit massiven Angriffen und Anschuldigungen gegenüber denjenigen, die den transaffirmativen Weg infrage stellen. Die Bedrohungen, die sich daraus für die Wissenschaftsfreiheit ergeben, sind nicht unerheblich (Ahrbeck, Felder, Kunze & Reichardt 2024).

Vor diesem Hintergrund ist das vorliegende Buch entstanden, das sich mit Irrungen und Wirrungen der Sexualpädagogik befasst. Es nimmt Themen auf, die bisher nur unzureichend oder höchst einseitig behandelt wurden, obgleich sie von erheblicher wissenschaftlicher wie praktischer Relevanz sind und einer dringenden Klärung bedürfen.

Bernd Ahrbeck und Marion Felder (»Sexualpädagogik heute. Eine Kritik – Rückblick und Ausblick«) beschreiben und analysieren den gegenwärtigen Stand der Sexualpädagogik unter ideengeschichtlichen, juristischen, psychologischen und pädagogischen Gesichtspunkten. Sie setzen sich dabei kritisch mit den Grundlagen und Folgen der »Sexualpädagogik der Vielfalt« auseinander. Exemplarisch wird am Beispiel Transgender ausgeführt, welche Fehlentwicklung sich an Schulen und Kindertagesstätten einstellen können, wenn einer vermeintlichen Befreiungsvision unbedacht gefolgt wird.

Karla Etschenberg bezieht sich in ihrem Beitrag »Fehleinschätzungen der Sexualpädagogik« auf drei große Themenkomplexe. Zunächst wird dem Einfluss nachgegangen, den Helmut Kentler, obgleich längst als Förderer der Pädophilie entlarvt, bis in die heutige Zeit auf die Sexualpädagogik ausübt. Sodann erfolgt eine Auseinandersetzung mit dem sexuellen Missbrauch in der katholischen Kirche. Zudem beschäftigt sich Etschenberg mit der inzwischen verbreiteten Annahme, biologisch gäbe es mehr als zwei Geschlechter.

Monika Klissenbauer berichtet über »Mädchen und junge Frauen mit Autismus-Spektrums-Störungen«, die auffällig häufig Genderdysphorien aufweisen und dadurch sexualpädagogische Aufmerksamkeit erfordern. Der Komplexität dieses Phänomens wird nachgegangen und auf Identitätsprobleme, die sich daraus ergeben, verwiesen. Die Autorin ist besorgt darüber, dass ein transaffirmatives Umfeld diese jungen Menschen noch weiter verunsichern kann, sodass sie in einer Transition einen Ausweg sehen, obgleich ihre Probleme ganz andere sind.

Simone Danz analysiert die Rolle der modernen Sexualpädagogik angesichts aktueller Debatten um die Körperlichkeit, einschließlich des sozialen Drucks, der von geschlechtsrollenbasierten Identitätsentwürfen, Körperidealen und Schönheitsnormen ausgeht (»Körper als Orte der Freude? Neue Aufträge an die Sexualpädagogik«). Anstelle einer Selbstoptimierung, die zu riskanten Körpermodifikationen führen kann, verweist sie auf die Bedeutung der Resonanz in zwischenmenschlichen Beziehungen. Der eigene Körper, auch wenn er nicht perfekt ist, sollte als Quelle der Freude betrachtet werden.

Heike Stammer beschäftigt sich mit »Moderne[r] Familienplanung, Reproduktionsmedizin und ihre[n] Auswirkungen auf die Sexualbildung«. Vorgestellt werden die wichtigsten medizinischen Behandlungsansätze bei unerfülltem Kinderwunsch, die zu neuen Familienmodellen und entsprechenden Dynamiken führen können. Dabei geraten auch die Schattenseiten reproduktionsmedizinischer Methoden in den Blick. Anhand von Eizellspenden und Leihmutterschaft wird gezeigt, dass das Kindeswohl und die Gesundheit anderer Beteiligter oft zu wenig Beachtung finden.

Jantine Nierop widmet sich neueren Entwicklungen in der Religionspädagogik (»Sollte ›queere Theologie‹ Teil einer vielfaltsorientierten inklusiven Religionspädagogik sein? Eine kritische Prüfung«). Im Zentrum steht, ob die Religionspädagogik gut beraten ist, wenn sie die Kategorie Geschlecht durch den Begriff der Geschlechtsidentität ersetzt. Nierop verneint diese Frage anhand einer Auseinandersetzung mit der Mainzer Hochschulpfarrerin Kerstin Söderblom. Sie plädiert dafür, das Geschlecht als binäre, körperlich bestimmte Kategorie beizubehalten, so wie es in der Bibel geschieht.

Literatur

Ahrbeck, B., Felder, M., Kunze, A.-B. & Reichardt, T. (2024): Worüber wird in der Pädagogik publiziert? Welche Themen bleiben ausgespart? Eine Auswertung von vier Fachzeitschriften. In: Netzwerk Wissenschaftsfreiheit e. V. (Hrsg.), Jahrbuch Wissenschaftsfreiheit, 1 (S. 11–36). Berlin: Duncker & Humblot.

Andresen, S. & Tippelt, R. (Hrsg.) (2018): Sexuelle Gewalt in Kindheit und Jugend. Theoretische, empirische und konzeptionelle Erkenntnisse und Herausforderungen erziehungswissenschaftlicher Forschung. Zeitschrift für Pädagogik, Beiheft 64, 9–17.

Baader, M. S. (2018): Tabubruch und Entgrenzung. Zeitschrift für Pädagogik, Beiheft 64, 28–39.

Baader, M., Böttcher, N., Ehlke, C., Oppermann, C., Schröder, J. & Schröer, W. (2024): Helmut Kentlers Wirken in der Berliner Kinder- und Jugendhilfe – Aufarbeitung der organisationalen Verfahren und Verantwortung des Berliner Landesjugendamtes. Online verfügbar unter https://hilpub.uni-hildesheim.de/entities/publication/bf1500ba-b8ea-4757-8cb2-10f14fc85098/details, Zugriff am 23.04.2023.

John, T. (2024): England's health service to stop prescribing puberty blockers to transgender kids. Online verfügbar unter: https://edition.cnn.com/2024/03/13/uk/england-nhs-puberty-blockers-trans-children-intl-gbr/index.html, Zugriff am 23.04.2023.

Louis, Ch. (2024): »Trans-Kinder: Ein Medizin-Skandal (Interview mit Alexander Korte). EMMA-Online verfügbar unter: https://www.emma.de/artikel/trans-kinder-ein-medizin-skandal-340959, Zugriff am 23.04.2023.

McCool, M. (2024): Scotland's under-18 s gender clinic pauses puberty blockers. Online verfügbar unter: https://www.bbc.com/news/uk-scotland-68844119, Zugriff am 23.04.2023.

Neue-S2k-Leitlinie-zu-Geschlechtsinkongruenz-und-dysphorie-im-Kindes-und-Jugendalter. Online verfügbar unter: https://www.aerzteblatt.de/nachrichten/150071/Neue-S2k-Leitlinie-zu-Geschlechtsinkongruenz-und-dysphorie-im-Kindes-und-Jugendalter-vorgestellt, Zugriff am 23.04.2023.

NHS England & NHS Improvement (Hrsg.) (2024): The Cass Review. Online verfügbar unter: https://cass.independent-review.uk/home/publications/final-report/, Zugriff am 23.04.2023.

Voigt, M. (2024): Wo endet Sexualpädagogik, und wo beginnt Mißbrauch? Frankfurter Allgemeine Zeitung vom 11.04.2024, Nr. 83, 6.

Zepf, F. D., König, L., Kaiser, A., Ligges, C., Ligges, M., Roessner, V., Banaschewski, T. & Holtmann, M. (2024): Beyond NICE: Aktualisierte systematische Übersicht zur Evidenzlage der Pubertätsblockade und Hormongabe bei Minderjährigen mit Geschlechtsdysphorie. Zeitschrift für Kinder- und Jugendpsychiatrie und Psychotherapie (2024), 1–21. Online verfügbar unter: https://doi.org/10.1024/1422-4917/a000972, Zugriff am 23.04.2023.

1 Sexualpädagogik heute. Eine Kritik – Rückblick und Ausblick

Bernd Ahrbeck & Marion Felder

1.1 Einleitung

In der Pädagogik finden sich seit jeher Überlegungen, die sich mit der Rolle der Sexualität in der kindlichen Entwicklung beschäftigen und nach pädagogischen Antworten suchen. Das Bild der Sexualität hat sich dabei über die Jahrhunderte und Jahrzehnte erheblich gewandelt. Standen zunächst Gefahren und Fehlentwicklungen im Mittelpunkt des Interesses, die Sexualität galt als etwas Bedrohliches, so hat sich im Laufe der Zeit und nach zähem Ringen ein die Sexualität bejahendes Verständnis durchgesetzt.

Seit den späten 1960er Jahren ist die Sexualpädagogik schulisch und vorschulisch durch Richtlinien und Lehrpläne fest verankert, wobei ihr Ziel weit über eine reine Wissensvermittlung hinausgeht. Kinder sollen emotional angesprochen und ihnen sexuelle Themen nahegebracht werden, die für ihr eigenes Leben bedeutsam sind. Zunehmend gewann die individuelle Selbstbestimmung an Gewicht, unterschiedliche Ausrichtungen der Sexualität und Sexualpraktiken wurden miteinbezogen, was einen wichtigen Fortschritt darstellt.

Während die Aufklärung früher noch in der elterlichen Hand lag, sind inzwischen institutionelle Einflüsse hinzugetreten. Beide sollen, so war es ursprünglich geplant, in einem gleichwertigen Ergänzungsverhältnis stehen, das elterliche Recht und die Verpflichtung zur Erziehung sowie ein staatlicher Erziehungsauftrag, der eigene

Akzente setzt. Ob ein solches Gleichgewicht heute noch besteht, bedarf einer genaueren Überprüfung. Seit Längerem wird das Feld von der neo-emanzipatorischen Sexualpädagogik beherrscht, die auch als »Sexualpädagogik der Vielfalt« in Erscheinung tritt. Sie hat eine Richtung eingeschlagen, die bei vielen Eltern ebenso wie in der öffentlichen Wahrnehmung auf erhebliche Kritik gestoßen ist. Ihr wird vorgeworfen, sie würde Kinder altersinadäquaten Themen aussetzen, sie überfordern und verstören, Grenzen niederreißen und in persönliche Intimbereiche eindringen. Die Sexualpädagogik der Vielfalt setze dabei Schwerpunkte, die Randgruppen überrepräsentieren, die Interessen und Lebensformen der Bevölkerungsmehrheit aber viel zu wenig beachten. So, als sei die klassische Familie zu einem Auslaufmodell geworden (Ahrbeck & Felder 2020).

Nach 1968: Das ist ein gutes Stichwort, denn diese Jahreszahl steht für einen Aufbruch, der die damalige Ordnung erschüttert hat. Die Befreiung der Sexualität aus den Fesseln der bürgerlichen Spießigkeit, so lautete die Losung. Dabei ging es nicht nur um die Sexualität im engeren Sinne, sondern auch um das weitreichende Versprechen, die sexuelle Revolution könne zu einer allgemeinen Befreiung des Menschen beitragen, wie Wilhelm Reich (1936) bereits in den 1930er Jahren behauptet hatte.

Allerdings melden sich bereits früh Stimmen zu Wort, die das für eine Illusion hielten, wie zum Beispiel Reimut Reiche, der 1971 den Bestseller »Sexualität und Klassenkampf« verfasst hatte. Herbert Marcuse (1968) hielt die befreite Sexualität für ein Phänomen, das mit der damals so heftig kritisierten kapitalistischen Herrschaftsform durchaus kompatibel ist. Unter dem Begriff der repressiven Entsublimierung beschreibt er, dass die Anpassungsbereitschaft steigt, wenn lebensgeschichtlich kaum noch Grenzen gesetzt werden. Unterbleibt der Kampf um das Sexuelle, steht nichts mehr im Weg, das erstritten werden muss, entstünden strukturell geschwächte Persönlichkeiten, die dann umso leichter zu manipulieren seien, »die Gesellschaft hat nicht die individuelle Freiheit erweitert, sondern ihre Kontrolle über das Individuum« (Marcuse 1968, S. 102). Das ist Marcuses resignative Einsicht, der sein Interesse zunehmend auf gesellschaftliche Randgruppen verschob, denen ein revolutionäres Potenzial attestiert wurde. Guillebaud (1999) spricht aus einer anderen Perspektive von einer »Tyrannei der Lust«. Er bezeichnet damit eine Kehrseite der sexuellen Freizügigkeit, die zu neuen Zwängen führt. Die Lust, ehemals verboten, wird jetzt zur Pflicht. »Sex ist zum Hintergrundrauschen unseres Alltags geworden« (Guillebaud 1999, S. 13). Nun, da nichts mehr untersagt ist, steht die ständige Anforderung im Raum, den hohen eigenen und fremden Erwartungen zu entsprechen. Nach allzeitiger Bereitschaft, perfektem Funktionieren, Offenheit und Tabulosigkeit. All das kann überfordernd sein, als grenzen- und strukturlos erlebt werden, zu Rückzug und Resignation führen. Nicht zufälligerweise ist die sexuelle Lustlosigkeit zu einem wichtigen Thema geworden. Oder es kommt, wie Guillebaud ebenfalls anmerkt, zu einer Rückkehr zu strengen Regeln, einem mitunter unerbittlichen moralischen Rigorismus, der heute ebenfalls zu verzeichnen ist. Nicht nur aufgrund des Erschreckens über eine pädophile Grenzenlosigkeit und andere Formen der sexuellen Gewalt, sondern auch, weil die Sexualität selbst gefährlich erscheint, da sie reichlich Anlässe für Missverständnisse, Verstrickungen und Verletzungen bietet. Deshalb der Wunsch nach Kontrolle, verbindlichen Absprachen, der Zähmung des vor allem männlichen Triebhaften. Es ist schon bemerkenswert, wie sehr sich die Idee, die Sexualität sei genuin gefährlich, durch die Hintertür wieder eingeschlichen hat.

Im Rückblick haben sich die hohen Erwartungen nicht erfüllt. Weder verlief die sexuelle Emanzipation in sich widerspruchsfrei noch trug sie kraftvoll zu politischen Bewegungen bei. Dennoch sind die alten Sehnsüchte zurückgekehrt, nun – wie von Bruckner und Finkielkraut (1979) erwartet – ausgerichtet auf spezielle Personengruppen, ihren Wunsch nach Anerkennung und gesellschaftlicher Akzeptanz. Mehr noch, ihren Anspruch, im besonderen Maße für den gesellschaftlichen Fortschritt zu stehen. All diejenigen, die außerhalb der Heterosexualität stehen, nehmen inzwischen in der öffentlichen Wahrnehmung einen prominenten Platz ein. Sie sind aus dem Schatten des Verborgenen herausgetreten, vertreten ihre Interessen offensiv und stoßen sehr oft auf eine positive Resonanz. Die Reihe LSBQ ist längst um ein Pluszeichen erweitert worden, das eine noch größere Vielfalt von Objektwahlen und Geschlechtsidentitäten signalisieren soll. Diese Entwicklung wird von der Sexualpädagogik aufgenommen und ihrerseits vorangetrieben.

Ein Fortschritt besteht darin, dass früher tabuisierte oder nur am Rand behandelte Themen nunmehr stärker beachtet werden. Homosexuelle befanden sich noch vor einigen Jahrzehnten in einer prekären Lage. Sozial wurden sie diskriminiert und bis 1969 bestand in Westdeutschland die Möglichkeit, sie strafrechtlich zu verfolgen. Zu einer vollständigen Streichung des Paragraf 175 kam es erst 1994. Die Weltgesundheitsorganisation hatte die Homosexualität 1990 als Krankheitskategorie getilgt. Insofern mussten Homosexuelle einiges erleiden und es bedurfte harter Kämpfe, bis sich ihre Situation besserte. Inzwischen hat sich die Situation grundlegend gewandelt. Die Gesellschaft ist sehr viel toleranter geworden. Von bedauerlichen Ausnahmen abgesehen, ist jetzt ein freies Leben möglich, freier jedenfalls als jemals zuvor.

Transidentität und Transsexualität sind zu einem viel beachteten Thema geworden, medial und im wissenschaftlichen Diskurs. Über das Anliegen von Menschen, die ihr Geschlecht wechseln wollen, wird inzwischen offen gesprochen. Es verbleibt nicht mehr wie früher weitgehend im Dunkeln. Auch hier wurden Diskriminierungen abgebaut und der Toleranzrahmen hat sich unübersehbar geweitet. Bestehende Einschränkung, die verfassungsrechtlich beanstandet wurden, werden im Rahmen neuer Gesetzgebungen aufgegriffen und beseitigt.

Die gesellschaftliche Öffnung ist zu einer Leitlinie der Moderne geworden, die Akzeptanz von Vielfalt ihr Credo. Das gilt nicht nur für die Objektwahl und Fragen des körperlichen Selbst, sondern auch für sexuelle Präferenzen, die sich in speziellen Praktiken niederschlagen, sadomasochistischen zum Beispiel. Den früheren Perversionen, heute Paraphilien genannt, wird mit dem Erscheinen der DSM-5 (2013) ebenfalls kein zwingender Krankheitswert mehr zugeschrieben. Frühere Generationen hätten sich wohl kaum vorstellen können, mit welcher Gelassenheit heute auf diese Phänomene reagiert wird, jedenfalls von der übergroßen Mehrheit der Gesellschaft. Und dennoch kehrt keine Ruhe ein. Das Erreichte scheint nicht auszureichen, weit über das hinaus, was weiterhin als Reformbedarf besteht. Mitunter wird der Eindruck erzeugt, als lebten wir in einer überaus bedrückenden Gegenwart, in Zeiten, die noch nie so repressiv waren, wie sie es heute sind (ausführlich Ahrbeck 2024). Dementsprechend heftig wird ein Veränderungsbedarf deklariert, der auch in die Sexualpädagogik eingreift und sie zu einem Vehikel kultureller Veränderung machen will. Inhaltlich ist eine Annäherung an die Queer-Theorie erfolgt, die eine Neuordnung der Geschlechterverhältnisse im Sinn hat.

1.2 Juristische Rahmung und Grundsätze

Die Sexualerziehung in der Schule wird durch eine Vielzahl von Gesetzen geregelt. Aufgrund der Kulturhoheit der Bundesländer kommt in Deutschland den länderspezifischen Richtlinien und Lehrplänen besondere Bedeutung zu. Internationale Konventionen wie die UN-Kinderrechtskonvention mit dem Art. 2 (Diskriminierungsverbot), Art. 13 (Meinungs- und Informationsfreiheit) und Art. 19 (Schutz vor Gewalt) bilden dafür den Rahmen. Ebenso wie das Grundgesetz mit Art. 3 (Diskriminierungsverbot). Besonders wichtig ist der Art. 6, Abs. 2 GG, der das elterliche Erziehungsrecht garantiert: »Pflege und Erziehung der Kinder sind das natürliche Recht der Eltern und die zuvörderst ihnen obliegende Pflicht.«

Es ist also die Sache der Eltern, ihre Kinder so zu erziehen, wie es ihren weltanschaulichen oder auch religiösen Vorstellungen entspricht. Daneben steht der Bildungs- und Erziehungsauftrag der Schule. 1968 erließ die westdeutsche Kultusministerkonferenz einen ersten Erlass zur Sexualaufklärung in Schulen. In der DDR war der Sexualkundeunterricht schon seit 1959 in den Schulen verankert (von

Leszczynski 2019). Schließlich erfuhr die sexuelle Aufklärung eine weitere staatliche Legitimation durch die Verabschiedung des Schwangerschaftskonfliktgesetzes von 1992, besonders durch § 1 Sexualaufklärung (Verhütung und Familienplanung). Aktualisierungen erfolgten 1995 und 2022.

Der Begriff Sexualpädagogik kommt im Schwangerschaftskonfliktgesetz nicht vor. Dennoch interpretieren Vertreterinnen und Vertreter der aktuell dominierenden (neo-)emanzipatorischen Sexualpädagogik (Stichwort: »sexuelle Bildung«) den Text in eigenem Interesse so: »Mit dem Jahr 1992 schreibt erstmalig in der Geschichte der Bundesrepublik ein Bundesgesetz Sexualpädagogik fest« (Sielert 2015, S. 19). Das hat dazu geführt, dass sich der Rahmen immens ausgedehnt hat, ohne dass sich die staatlich Zuständigen daran störten. Weit über die Verhütung von Schwangerschaftskonflikten hinausgehend, gelang es den Sexualpädagogen durch die Bundeszentrale für gesundheitliche Aufklärung (BZgA), Mittel für Projekte und Materialien einzuwerben, die zwar sexualpädagogisch relevant sein mögen, aber ganz andere Gebiete betreffen wie etwa den Umgang mit der »Sexualität« von Säuglingen und Kleinkindern.

Sexualerziehung in der Schule war von Beginn an mit Widerständen von Eltern und anderen an Erziehung Beteiligten oder Interessierten verbunden. Sie steckt bis heute in einem Dilemma. Auf der einen Seite steht der Auftrag einer Gefahrenabwehr, historisch etwa anhand von HIV-Infektionen oder aufgrund vom Missbrauchsskandalen, die sich durch die Jahrzehnte ziehen. Anderseits soll eine positive Sicht auf Sexualität vermittelt werden (von Leszczynski 2019). Dieser Spannungsbogen beschäftigt insbesondere Sexualpädagogen und Fachkräfte, die an Schulen in der Prävention des sexuellen Missbrauchs arbeiten (Christmann, Lamour, Wazlawik, Schmidt & Dekker 2021). Sexueller Missbrauch ist ein allgegenwärtiges und bedrückendes Thema. Hinzu kommt, dass bereits Grundschüler pornografisches Material mit oftmals verstörendem Inhalt konsumieren, was sich in ihrem Verhalten niederschlägt (Ross 2023).

Mit dem Verhältnis von staatlichen Rechten und denen der Eltern hat sich das Bundesverwaltungsgerichts 2008 infolge einer elterli-

1.2 Juristische Rahmung und Grundsätze

chen Klage auseinandergesetzt. Dabei verweist es erneut auf die nach wie vor bindende Entscheidung des Bundesverfassungsgerichts von 1977. Im Wortlaut:

»Das Bundesverfassungsgericht hat entschieden, dass eine Zustimmung der Eltern zu der schulischen Sexualerziehung – mit der Folge einer Befreiung des Kindes im Falle fehlender Zustimmung – verfassungsrechtlich jedenfalls dann nicht verlangt werden kann, wenn die betreffende Unterweisung fächerübergreifend erfolgt. Sofern die Sexualerziehung als gesondertes Lehrfach oder besondere Unterrichtseinheit betrieben wird, ist es in erster Linie Aufgabe des Gesetzgebers, eine Regelung zu treffen, die dem elterlichen Grundrecht aus Art. 6 Abs. 2 Satz 1 GG und möglichen Gewissenskonflikten gerecht wird« (BVerfG, Beschluss vom 21. Dezember 1977).

Sowohl den Eltern als auch dem Staat sind in der Sexualerziehung also gewisse Spielräume gegeben, aber auch Grenzen gesetzt, die immer wieder neu ausgelotet werden müssen.

»Der staatliche Erziehungsauftrag richtet sich nicht nur auf die Vermittlung von Wissen und die Erziehung zu einer selbstverantwortlichen Persönlichkeit. Er richtet sich auch auf die Heranbildung verantwortlicher Staatsbürger, die gleichberechtigt und verantwortungsbewusst an den demokratischen Prozessen in einer pluralistischen Gesellschaft teilhaben. Soziale Kompetenz im Umgang auch mit Andersdenkenden, gelebte Toleranz, Durchsetzungsvermögen und Selbstbehauptung einer von der Mehrheit abweichenden Überzeugung können effektiver eingeübt werden, wenn Kontakte mit der Gesellschaft und den in ihr vertretenen unterschiedlichen Auffassungen nicht nur gelegentlich stattfinden, sondern Teil einer mit dem regelmäßigen Schulbesuch verbundenen Alltagserfahrung sind« (LSVD 2023, o. S).

Das heißt, dass der Staat eigene Akzente setzen darf, von denen nicht gewiss ist, ob sie den elterlichen Interessen in jedem Fall entsprechen. Oder ihnen sogar fundamental entgegenstehen. Aber auch die Eltern verfügen über ein hohes Rechtsgut:

»Dabei muss der Staat aber Neutralität und Toleranz gegenüber den erzieherischen Vorstellungen der Eltern aufbringen. Der Staat darf keine gezielte Beeinflussung im Dienste einer bestimmten politischen, ideologischen oder weltanschaulichen Richtung betreiben; er darf sich auch nicht durch von ihm ausgehende oder ihm zuzurechnende Maßnahmen ausdrücklich oder konkludent mit einem bestimmten Glauben oder einer bestimmten Weltanschauung identifizieren und dadurch den religiösen Frieden in der Gesellschaft von sich aus gefährden. Diese Verpflichtung stellt bei strikter Beachtung sicher, dass unzumutbare Glaubens- und Gewissenskonflikte nicht entstehen und eine Indoktrination der Schüler, etwa auf dem Gebiet der Sexualerziehung, unterbleibt« (LSVD 2023, o. S.).

1.3 Die (neo-)emanzipatorische Sexualpädagogik

Die »Emanzipatorische Sexualpädagogik«, später auch »(neo-)emanzipatorische Sexualpädagogik« genannt, beruht wesentlich auf den Überlegungen und Überzeugungen Helmut Kentlers (1928–2008), der bis 1999 eine Pädagogikprofessur an der Universität Hannover innehatte (Etschenberg 2019a; Tuider, Müller, Timmermann, Bruns-Bachmann & Koppermann 2012; Timmermanns, Tuider & Sielert 2004). Er sei, wie Valtl (1997, S. 2) betont, »*der* Initiator der emanzipatorischen Sexualpädagogik«, ihre entscheidende Gründungfigur. Kentlers zentrale Überlegungen finden sich in »zehn ›Thesen zu einer nicht nichtrepressiven Sexualerziehung‹ [wieder], die zu einer Programmschrift dieses neuen emanzipierschen Ansatzes wurden«. Der große Einfluss, den Kentler errang, beruhte neben seinen populären Aufklärungsschriften (»Sexualerziehung« 1970; »Zeig mal« 1983; »Eltern lernen Sexualerziehung« 1999) auch darauf, dass er in zahlreichen Verbänden und Fachgesellschaften Schlüsselstellungen einnahm, unter anderem als Präsident der Deutschen Gesellschaft für Sozialwissenschaftliche Sexualforschung. Es ging Kentler, dem Geist der 1968er entsprechend, um die Befreiung der Subjekte aus überkommenen Zwängen, die Überwindung bürgerlicher Herrschaft, ihrer moralischen Verpflichtungen und Verhaltensnormen. Die Sexualität sollte unbeschwert erlebt werden. Im Mittelpunkt stand die Gleichberechtigung der Frau, ihre Abhängigkeit von ungewollter

1.3 Die (neo-)emanzipatorische Sexualpädagogik

Schwangerschaft und sich daran anschließender ehelicher und häuslicher Verpflichtungen. Die Antibabypille ist ein Symbol dieser Entwicklung. Für Kinder stellte diese Umorientierung ebenfalls einen Meilenstein dar: Sie sollen ihre Sexualität frei entfalten, möglichst ohne Schulddruck genießen, als einen begrüßenswerten Teil ihres Lebens, nicht mehr als eine gefährliche und zu zügelnde Instanz. »Die Sexualerziehung hat nicht die Aufgabe, einengend auf das Sexualleben zu wirken, sondern sie soll freimachen zum Genuss und zur Liebe« (Kentler 1967, zit. nach Valtl 1997, S. 13). Damals eher noch am Rande gerieten Minderheiten in den Blick, Homosexuelle vor allem, die vor Diskriminierung geschützt und als selbstverständlicher Teil des Lebens anerkannt werden sollten. Kentler ließ von Anfang an keinen Zweifel daran, dass es sich bei der »emanzipatorischen Sexualpädagogik« um ein politisches Projekt handelt, das die Gesellschaft verändern soll. »Sexualerziehung ist zugleich politische Erziehung« (Kentler 1967, zit. nach Valtl 1997, S. 13), so lautet eine seiner 10 Thesen.

Nachdem sich dieses Emanzipationsanliegen großflächig durchgesetzt hatte, verlagerte sich die Aufmerksamkeit. Diversität, Gleichberechtigung und Inklusion sind in den Wahrnehmungsfokus gerückt, die »Sexualpädagogik der Vielfalt« (Tuider et al. 2012) ist zur entscheidenden Leitidee geworden. Unterschiedliche Lebensformen, sexuelle Orientierungen und Geschlechtsidentitäten stehen nun im Mittelpunkt des Interesses.

Obgleich sich die Toleranzräume sehr erweitert haben, wird das bisher Erreichte für unzureichend gehalten, vor allem für diejenigen, die nicht die Mehrheit bilden. Faktisch hat sich die Lebenssituation homosexueller Menschen in Lauf der Jahre immens verbessert. Sie können in der Regel so befreit leben wie kaum jemals zuvor. Sexuelle Besonderheiten werden weit stärker akzeptiert als in früheren Jahrzehnten. Generell ist die Gesellschaft sehr viel offener geworden, die Einstellung zur Sexualität hat sich entspannt. Doch diese Fortschritte gelten als wenig bedeutend, fast erscheinen sie wie ein Tropfen auf den heißen Stein.

1 Sexualpädagogik heute. Eine Kritik – Rückblick und Ausblick

Das Bild der Gesellschaft, das gezeichnet wird, ist ein überaus repressives, unaufgeklärtes, rückständiges. Dabei geht es nicht nur darum, dass Restbestände von Diskriminierung überwunden werden, wie sie sich etwa im Transsexuellengesetz von 1981 finden, das verfassungswidrige Passagen enthält. Das Ziel ist ein anderes geworden: Angestrebt wird eine anthropologische Neuorientierung, die bisher sicher geglaubte kulturelle Grundlagen infrage stellt, wie die hohe Bedeutung der Familie für den gesellschaftlichen Zusammenhalt, die Existenz zweier biologischer Geschlechter, der Umstand, dass Menschen nicht beliebig über sich verfügen und sich selbst konstruieren können (Teising & Burchartz 2023; Ahrbeck 2024). Vor diesem Hintergrund wird, wiederum von einem Emanzipationsgedanken unterfüttert, ein umfassender Veränderungsbedarf deklariert und eingeklagt. Der Ton verschärfte sich dabei zusehends.

In seiner »Evaluation schwul-lesbischer Aufklärungsprojekte in Schulen«, die Timmermanns 2003 für das Land Nordrhein-Westfalen vorlegte, findet sich folgender Gedanke. Um Diskriminierung abzubauen, müsse Hand an ihre Wurzeln gelegt werden.

»Ein solcher Perspektivwechsel muss [...] mit einer Relativierung der Kategorien sexueller Orientierung sowie der Kategorien der Geschlechter einhergehen. Denn die scheinbare Eindeutigkeit konstruierter Systeme, die die Menschen entweder in ›Männer‹ oder ›Frauen‹ bzw. ›Hetero-‹ oder ›Homosexuelle‹ einteilen, ist die Grundlage eines binären, biologistischen, essentialistischen, fundamentalistischen und totalitären Denkens, das die Welt nur in Polaritäten wahrnehmen kann und will. [...] In letzter Konsequenz läuft diese Perspektive auf eine moralische Unterscheidung in ›Gut‹ und ›Böse‹ hinaus« (Timmermanns 2003, S. 36 f.).

An kräftigen Worten fehlt es auch bei Sielert nicht, einem weiteren führenden Vertreter der (neo-)emanzipatorischen Sexualpädagogik.

»Dekonstruktives Denken hat uns gelehrt, dass es nicht reicht, diskriminierten Identitäten (Jugendlichen, Frauen, behinderten, alten Menschen ...) die Veröffentlichung und Durchsetzung ihrer legitimen Interessen zu ermöglichen. Die Differenzierungsprozesse selbst bedeuten schon eine machtvolle Verweigerung ganz vielfältiger Lebensweisen« (Sielert 2001, S. 23).

1.3 Die (neo-)emanzipatorische Sexualpädagogik

Oder noch klarer formuliert: Nach neueren Erkenntnissen der Sozialisationsforschung »sei schon die Differenzierung in zwei Geschlechter ein Gewaltakt und ihre Betonung zementiere noch diese Realität« (Sielert 2001, S. 20). Die Konsequenz daraus ist, dass Kinder, Jugendliche und Erwachsene nicht mehr genötigt werden sollen, »sich überhaupt als Junge oder Mädchen, Mann oder Frau definieren zu müssen« (Sielert 2001, S. 24).

Die Reihe der Beispiele ließe sich beliebig ergänzen. Ihre Stoßrichtung ist eindeutig: Wer an der Existenz zweier biologischer Geschlechter festhält, sexuelle Orientierungen und – wie hinzugefügt werden darf – sexuelle Praktiken von anderen abgrenzt und Unterschieden nachgeht, anstatt sie in einem Kontinuum zerfließen zu lassen, wird unter Verdacht gestellt, er verhalte sich moralisch verwerflich. Wer davon ausgeht, dass es Männer und Frauen gibt, Homosexuelle und Heterosexelle oder auch abgrenzbare Sexualpräferenzen wie Paraphilien, diskriminiere Personengruppen, die als vulnerabel angesehen werden.

Von dort ist es nur noch ein kleiner Schritt zu Judith Butler, die immer wieder als Referenzfigur aufgerufen wird. Butler hält das Geschlecht für eine soziale Konstruktion, die Herrschaftszwecken dient. Es werde ausschließlich normativ erzeugt, durch aufgezwungene Denk- und Sprachmuster, bis in das Körperliche hinein, deshalb spricht sie von »medizinischen Fiktionen, die zur Kennzeichnung eines eindeutigen Geschlechts entworfen wurden« (Butler 1991, S. 11). Fiktionen täuschen etwas vor, sie sind etwas Erdachtes, Fantasiertes. Butler leugnet also

> »das naturgegebene Vorhandensein zweier nach Geschlecht unterscheidbarer Körper [, ...] denn – so ihre kühne These – selbst das biologische Geschlecht sei als Produkt eines gesellschaftlichen Diskurses und damit von Macht zu interpretieren, einer Macht, die nicht nachträglich auf einen natürlichen Körper einwirke, sondern diesen überhaupt erst hervorbringe. Diese These hebelt die Grundlagen moderner Subjektphilosophie aus den Angeln« (Dammer 2015, S. 11).[1]

---

1 Welche Blüten das treiben kann, zeigt folgendes Beispiel zur Performativität,

1 Sexualpädagogik heute. Eine Kritik – Rückblick und Ausblick

Die so genannte Heteronormativität wird zum Kernpunkt ihrer Kritik: Sie werde allen Menschen auf unzumutbare Weise aufgezwungen, sodass sie sich einer heterosozial und heterosexuell strukturierten Ordnung unterwerfen. Die »heterosexuelle Matrix« (Butler 1991, S. 9) müsse deshalb aufgedeckt und gestört werden. Butler ruft dazu auf, »eine Geschlechterverwirrung anzustiften«, mit dem Ziel, die »naturalisierten Erzählungen der Zwangsheterosexualität ihrer zentralen Protagonisten: ›Mann‹ und ›Frau‹ zu berauben« (Butler 1991, S. 61, 215). Damit ist der Kampf um eine kulturelle Deutungshoheit eröffnet. Das erklärt, warum die Angriffe auf die bestehende Ordnung so heftig erfolgen. Mit Schuldzuweisungen, die in dem Vorwurf gipfeln, eine unaufgeklärte Gesellschaft lasse unterschiedliche Lebensformen nicht zu und verweigere Minderheiten elementare Rechte (z. B. Tuider & Dannecker 2016).

Anerkennung ist zu einer gesellschaftlichen Leitkategorie geworden. Unterschiedliche Lebensformen, sexuelle Orientierungen und Geschlechtsidentitäten sollen gleichberechtigt nebeneinanderstehen und im gleichen Maße geschätzt werden (»Vielfalt ist bereichernd«). Damit ist mehr als nur Toleranz gemeint. Toleranz bedeutet, dass jeder nach der eigenen Façon leben kann, ohne dass er in seiner Freiheit eingeschränkt und in seinen Rechten beschnitten wird. Unabhängig davon, wie andere zu seiner Lebensgestaltung stehen, ob sie ihnen gefällt oder auch nicht. Anerkennung geht darüber hinaus. Sie beruht auf einem »positiven Zuspruch und drückt ein zustimmendes Werturteil aus« (Kunze 2015, S. 7), repräsentiert also etwas, das persönlich als wertvoll erlebt wird. Das ist ein gravierender Unterschied. Insofern stellt sich die Frage, wie weit eine Wertschätzung gehen kann, die etwas betrifft, das für das eigene Leben keine Relevanz hat. Verfügen kann man sie sicherlich nicht.

---

das sich auf die Hochzeitszeremonie bezieht. »Durch die Aussage ›Ich erkläre euch als Mann und Frau‹ führt der Pfarrer oder Standesbeamte eine Handlung aus und bringt in der ›Heterosexualisierung der sozialen Bindung‹ (Butler 1995, S. 299) hervor, was er benennt« (Hartmann 2004, S. 60).

1.3 Die (neo-)emanzipatorische Sexualpädagogik

Auf die Sexualpädagogik übertragen führt der Anerkennungsgedanke dazu, dass sich das Inhaltsfeld weitet und verändert. Es geht jetzt nicht nur darum, dass über unterschiedliche soziale und sexuelle Erlebens- und Verhaltensweisen informiert und dazu beigetragen wird, dass Diskriminierungen unterbleiben. Dieses Ziel ist unstrittig. Vielmehr sollen Schülerinnen und Schülern unterschiedliche Optionen aktiv nahegebracht werden, damit sie sich mit ihnen auseinandersetzen, sich identifizieren und überprüfen können, was für sie passend ist. Spezielle Lebensformen, sofern man sie noch so nennen darf, nehmen dadurch einen breiten Raum ein, wie sich einschlägigen Unterrichtsmaterialien entnehmen lässt. Zum Beispiel dem Medienkoffer des Sozialpädagogisches Fortbildungsinstitut Berlin-Brandenburg (2018) oder dem Kita-Koffer »Familien- und Lebensvielfalt« in Rheinland-Pfalz (QueerNet Rheinland-Pfalz 2015). Andere Themen verlieren an Gewicht, sodass viele Eltern die Frage aufwerfen, ob die klassische Familie zum Ausnahmefall geworden ist (Ahrbeck & Felder 2020).

Heftige Auseinandersetzungen hat es in Baden-Württemberg um die Entwicklung des Bildungsplans 2014 für fünfte und sechste Klassen gegeben, der sich unter anderem der sexuellen Vielfalt widmete. Vor allem eher konservative und christliche Eltern protestierten, weil der Bildungsplan aus ihrer Sicht zu einer »Frühsexualisierung« führt, die Kinder altersinadäquat mit ihnen fremden Themen überfrachtet und in ihr Persönliches eindringt. Zudem würde das herkömmliche Familienmodell entwertet und beschädigt (Petition 2013). Andere Kräfte hielten diese Kritik für überzogen, sie erblickten darin einen Ausdruck von Intoleranz, Homophobie und mangelnder Anerkennung unterschiedlicher Lebensmöglichkeiten (Tuider & Dannecker 2016). Fest steht aber, dass die Interessen spezieller Gruppen unmittelbar in den Lehrplan eingegangen sind. Unter der Überschrift der »Gesinnungslehrplan« schrieb die renommierte Bildungsjournalsitin Heike Schmoll deshalb: »Allerdings zeugt es nicht von allzu großer Klugheit in Stuttgart, nahezu wörtlich die Ziele einschlägiger Interessengruppen in den neuen Entwurf für den Bildungsplan zu übernehmen« (Schmoll 2014, S. 1). Auch anderenorts ist der Einfluss von LSBQT-Gruppen auf Lehr- und Aktionspläne beträchtlich, zum Beispiel im Saarland oder in Hessen (Trautsch 2016). Nicht, dass sie angehört werden ist das Problem, ihr Wissen und ihre Erfahrungen können wichtige Bausteine im Gesamtgefüge sein. Ein Anspruch auf eine federführende Rolle lässt sich daraus aber nicht herleiten.

Zu den Irritationen trägt bei, dass der von Kentler propagierte Aktivierungsgedanke beibehalten wurde. Er geht davon aus, dass sexuelles Erleben und Handeln vom Säuglingsalter an gefördert werden müssen. Kinder sollen, auch in Früherziehung und Unterricht, Sexualität erleben, zum Teil hautnah spüren, damit sie einen Zugang zu sexuellen Themen finden, innerlich frei werden und sich psychisch gut entwickeln (vgl. Etschenberg, in diesem Band). Toleranz, Verschiedenheit und Vielfalt könnten und müssten bereits in einem frühen Lebensalter thematisiert werden. Das führt zur Entwicklung und zum Einsatz einer Fülle einschlägiger Medien, von Kinderbüchern und Unterrichtsmaterialien, die in die Kritik geraten sind, weil sie, wie die berechtigte Sorge lautet, den Schutz der Intimsphäre nicht wahren, auf den Kinder ein Anrecht haben.

In Bilderbüchern finden sich Themen, die bereits 2-jährige Kinder mit Samenspenden, Transsexualität und der vermeintlichen Gebärfähigkeit von Männern bekannt machen sollen. Zum Beispiel: »Wo ist Karlas Papa?« (Olson & Olson 2017). Das Buch erzählt die Geschichte der zweijährigen Karla, die von ihrer Mutter weiß, dass sie mit Hilfe eines Samenspenders zur Welt gekommen ist, und in »Wie Lotta geboren wurde« (Schmitz-Weicht & Schmitz 2013) steht: »Lottas Papa heißt Tobias [...] und er möchte ein Kind. Und wie Lotta in seinem Bauch wachsen kann, ist gar nicht so kompliziert, wie manche Erwachsene denken. Dieses Bilderbuch thematisiert auf altersangemessene Weise transgeschlechtliche Elternschaft.« Andere Bücher (»Prinzessin Hannibal«, Laibl & Roher 2017; »Alles Rosa«, Onano 2019) sind für Kinder ab vier Jahre gedacht. Sie beschäftigen sich mit Geschlechterrollen und Geschlechtsidentitäten, wobei offenbleibt, ob sie im Vorgriff auf eine mögliche homosexuelle oder transsexuelle Entwicklung verfasst wurden (Sozialpädagogisches Fortbildungsinstitut Berlin-Brandenburg & Bildungsinitiative Queerformat 2018, S. 133, 135 f.).

Tuiders et al. (2012) »Sexualpädagogik der Vielfalt«, die zum Standardwerk avanciert ist, enthält eine Sammlung sexualpädagogischer Methoden für 10-jährige oder ältere Kinder. Daraus drei markante Beispiele, die belegen, welche Stoßrichtung sie verfolgen. Nach Metzger (2018, S. 144) wird »den Jugendlichen ein Verständnis von Sexualität [aufgedrängt], das wenig mit Liebe oder Intimität zu tun hat«. Sex wird zur Spaßquelle, die nach Belieben genutzt werden kann.

»Der neue Puff für alle«: 15-jährige Kinder sollen im Detail einen »Puff für alle« beziehungsweise ein »Freudenhaus der sexuellen Lebenslust« kreieren, damit sie »bezüglich marginalisierter Lebensformen und sexueller Vorlieben« sensibilisiert werden. Pädagogisches Ziel ist die »größtmögliche Kreativität und Denkfreiheit hinsichtlich sexueller Vorlieben«, wobei ausdrücklich »auf die persönliche Freiheit« hingewiesen wird, »sexuelle Dienste in Anspruch nehmen zu dürfen bzw. diese anzubieten«. Die aufgeworfenen Inhalte gelten als unumgänglich. »Jugendliche werden also auch nicht um die Diskussion herumkommen, in welcher Lebensform welche Sexualität welchen Stellenwert haben könnte« (Tuider et al. 2012, S. 76 f.).

»Galaktischer Sex«, ab 15 Jahre, soll »unbekannte Begriffe aus dem Bereich der Sexualität« klären. »Die Jugendlichen werden ermutigt, auch scheinbar Ekliges, Perverses und Verbotenes zu nennen. Alle Begriffe werden einzeln erklärt, entweder von den Jugendlichen selbst oder von der Leitung«, wobei die Leitung benennt, was gesetzlich nicht zugelassen ist (Tuider et al. 2012, S. 126).

In »3-2-1 – deins!« sollen diverse Gegenstände versteigert und den Bewohnern eines Miethauses zugeordnet werden: einer alleinerziehenden Mutter, lesbischen und schwulen Paaren mit und ohne Kinder, heterosexuellen Paaren, einer Wohngemeinschaft behinderter Menschen und einer Spätaussiedlerin aus Kasachstan. Ein heterosexuelles Paar mit Kindern wohnt in diesem Haus offensichtlich nicht. Bei den Gegenständen handelt es sich unter anderem um einen Dildo, einen roten Schal, Kondome, Potenzmittel, Handschellen, ein Buch

mit erotischen Geschichten (keine Pornografie), Lack/Latex oder Leder, ein männliches/weibliches Aktfoto, Vaginalkugeln. Als Ziel wird angegeben: Kinder ab 14 Jahren sollen Klischeevorstellungen reflektieren und bearbeiten (Tuider et al. 2012, S. 51 ff.).
Tuiders Buch ist bei Eltern, Wissenschaftlern und in den Medien auf heftige Kritik gestoßen. In Zweifel gezogen wird, ob sich die (neo-) emanzipatorische Sexualpädagogik wirklich, wie immer wieder behauptet wird, auf das Interesse der Kinder und Jugendlichen berufen kann. Schmelcher (2014, S. 3) markiert eine Gegenposition:

> »Es entspreche keineswegs den Fragen von 14 Jahre alten Mädchen und Jungen, wenn sie zum Beispiel für eine Gruppenübung Sexartikel wie einen Dildo, Potenzmittel, Handschellen, Aktfotos und Lederbekleidung erwerben sollen. [...] Eine solche Pädagogik sei der Versuch, die Schamgrenzen von Kindern und Jugendlichen aufzubrechen.«

Ganz freiwillig wird sich dem niemand aussetzen. Die dargestellten Übungen sind, wie viele andere auch, so angelegt, dass es fast zwangsläufig zu Grenzüberschreitungen kommt, zum Eindringen in Intimbereiche und Angriffen auf das kindliche Selbst. Doch dahinter steckt ein System, das einer eigenen Agenda folgt.

> »Die genannten Übungen sind keine Extrembeispiele von ein paar übererregten Sexualpädagogen. [...] Ausdrücklich vertritt das Autorenteam um Elisabeth Tuider die Ansätze der ›dekonstruktivistischen Pädagogik sowie der (neo)-emanzipatorischen Sexualpädagogik‹. Zu deren Zielsetzung gehöre ausdrücklich die ›Vervielfältigung von Sexualitäten, Identitäten, Körpern‹, darüber hinaus solle auch bewusst Verwirrung und Uneindeutigkeit angestrebt werden« (Weber 2014, S. 9).

Es ist schon ein gravierender Unterschied, ob Kinder altersadäquat über unterschiedliche Formen der Sexualität informiert werden, die sie dann aus einer Distanz heraus betrachten können. Oder ob ihnen gezielt Erlebensformen nahebracht oder sogar in sie hineingepresst werden, die den meisten von ihnen fremd und von ihrem (späteren) Leben weit entfernt sind.

Das Schwergewicht liegt auf Themen, die für die Mehrheit der Gesellschaft untypisch sind. Die dort dominierenden Formen der

1.3 Die (neo-)emanzipatorische Sexualpädagogik

Sexualität und des Zusammenlebens treten eher als ein Kontrapunkt zur neuen Vielfalt auf, fast wie ein Überbleibsel aus vergangenen Zeiten. Nicht zufälligerweise, denn es geht »nun nicht mehr nur um die Anerkennung von Minderheiten [...], sondern um die generelle Infragestellung von gesellschaftlicher, hier sexueller Normalität« (Dammer 2015, S. 14). Offensichtlich fällt es den Heteronormativitätskritikern außerordentlich schwer, »sich vorzustellen, dass jemand aus Überzeugung und Libido in seinem Lebensentwurf der heterosexuellen Norm folgen will« (Dammer 2015, S. 15).

Erziehung darf nicht in Überwältigung umschlagen. Es ist nicht ihre Aufgabe, Kinder und Jugendliche absichtlich in ihrer Geschlechtsidentität zu irritieren, zumal in Lebensphasen, die für sie voller Fragen und Ungewissheiten sind. Ebenso wenig ist es ihr Auftrag, ihnen spezielle Sexualpraktiken aktiv nahezubringen oder für sexuelle Orientierungen zu werben (BVerwG/Bundesverwaltungsgericht 2008 [8]). Und Kindern, die erste Erfahrung mit Liebe und Sexualität machen, ist auch wenig geholfen, wenn ihnen Sexualität vor allem unter technischen Aspekten vermittelt wird. Toleranz und Offenheit gegenüber unterschiedlichen Formen und Ausrichtungen der Sexualität können auch erworben werden, ohne dass Kinder mit Materialien und Themen konfrontiert werden, die sie weltanschaulich lenken, in ihren Privatbereich eindringen und Intimitätsschranken verletzen können. Die mehrheitlich präferierte Lebensform geht nicht per se mit der Ablehnung und Abwertung anderer einher, auch wenn das faktenwidrig behauptet wird.

1.4 Neutralität, Toleranzgebot und Indoktrinationsverbot am Beispiel der Transsexualität

Unter den Themen der Sexualpädagogik haben die Geschlechtsidentität und die Transsexualität zunehmend an Gewicht gewonnen. Die Transsexualität, die ehemals ein Nischendasein führte, ist zu einem öffentlich vielbeachteten Thema geworden, obgleich die Zahl der unmittelbar Betroffenen trotz erheblicher Steigerungszahlen noch immer sehr gering ist; so wird von 0,6 % Betroffener in der Bevölkerung ausgegangen (Deutsche Gesellschaft für Transidentität und Intersexualität e. V. 2023, o. S). Der sexualpädagogische Umgang mit diesem Phänomen wird im Folgenden exemplarisch anhand des größten Bundeslandes Nordrhein-Westfalen beschrieben und analysiert. Im Mittelpunkt steht die Frage, inwiefern die dort praktizierte Sexualerziehung mit dem Neutralitäts- und Toleranzgebot bzw. Indoktrinationsverbot des Schulgesetzes vereinbar ist. In NRW wird die Sexualerziehung durch § 33 des Schulgesetzes geregelt:

> »(1) Die fächerübergreifende schulische Sexualerziehung ergänzt die Sexualerziehung durch die Eltern. Ihr Ziel ist es, Schülerinnen und Schüler alters- und entwicklungsgemäß mit den biologischen, ethischen, sozialen und kulturellen Fragen der Sexualität vertraut zu machen und ihnen zu helfen, ihr Leben bewusst und in freier Entscheidung sowie in Verantwortung sich und anderen gegenüber zu gestalten. Sie soll junge Menschen unterstützen, in Fragen der Sexualität eigene Wertvorstellungen zu entwickeln und sie zu einem selbstbestimmten und selbstbewussten Umgang mit der eigenen Sexualität zu befähigen. Darüber hinaus sollen Schülerinnen und Schüler für einen verantwortungsvollen Umgang mit der Partnerin oder dem Partner sensibilisiert und auf ihre gleichberechtigte Rolle in Ehe, Familie und anderen Partnerschaften vorbereitet werden. Die Sexualerziehung dient der Förderung der Akzeptanz unter allen Menschen unabhängig von ihrer sexuellen Orientierung und Identität und den damit verbundenen Beziehungen und Lebensweisen.«

1.4 Neutralität, Toleranzgebot und Indoktrinationsverbot

Wie bereits erwähnt: Eine Besonderheit der Sexualpädagogik besteht darin, dass die Eltern über das in Kenntnis gesetzt werden müssen, was in der Schule geschieht. »Die Eltern sind über Ziel, Inhalt, Methoden und Medien der Sexualerziehung rechtzeitig zu informieren« (Schulgesetz § 33 [2]). Dadurch soll überprüfbar sichergestellt werden, dass sich die Schule neutral und tolerant gegenüber unterschiedlichen Weltanschauungen verhält, ihrerseits keine politischen oder ideologischen Ziele verfolgt und jede Art von Indoktrination vermeidet. Eine solche Transparenz herzustellen ist jedoch keine einfache Aufgabe, da die Eltern nicht im Unterrichtsgeschehen anwesend sind, einiges nur vom Hörensagen kennen und manches überhaupt nicht wissen. So können sich leicht Irritationen einstellen (vgl. Etschenberg 2019b, S. 3 ff.).

Die Sexualerziehung vor Ort erfolgt nicht nur durch Lehrerinnen und Lehrer, es können auch externe Experten herangezogen werden, die staatlich unterstützte Organisationen vertreten.[2] In Nordrhein-Westfalen ist besonders das Queere Netzwerk NRW mit seinen zahlreichen Mitgliedern in der schulischen Sexualerziehung engagiert. Die Satzung definiert den Vereinszweck unter § 2: »Zweck des Vereins ist die Förderung von Akzeptanz, Gleichberechtigung, Selbstbestimmung und gesellschaftlicher Teilhabe von lesbischen, schwulen, bisexuellen, trans*, inter*, asexuellen, queeren sowie allgemein nicht-heteronormativen Lebensrealitäten und Perspektiven« (Queeres Netzwerk NRW 2022). Es werden also die Interessen spezieller Personengruppen vertreten im Rahmen eines Bildungsangebots zur sexuellen Vielfalt.

Es soll hier nicht infrage gestellt werden, dass solche und ähnliche Organisationen eine wertvolle Aufklärungsarbeit in Kindertagesstätten, Schulen und außerschulischen Bildungseinrichtungen leisten können, um bestehende Diskriminierungen vor allem gegenüber

---

2 Das geschieht in einem beträchtlichen Umfang. Im Jahresbericht 2019 berichtet Schlau NRW (2019, S. 4), dass in »NRW 562 Work-shops zur lsbtiq* Bildungs- und Antidiskriminierungsarbeit durchgeführt [und] damit etwa 12.500 Jugendliche und junge Erwachsene« erreicht wurden.

homosexuellen und transsexuellen Menschen abzubauen. Sie können dadurch dazu beitragen, dass die Akzeptanz für vielfältige Lebensformen zunimmt. Deshalb wird in den Richtlinien für die Sexualerziehung NRW (1999, S. 13) dazu geraten, dass Lehrkräfte den »Rat von Fachleuten oder entsprechenden Einrichtungen« einholen. Sie hätten »eine ›Brückenfunktion‹, indem sie die Jugendlichen z. B. auf weitergehende Hilfs- und Beratungsangebote aufmerksam machen«. Auch die Lehrerinnen und Lehrer selbst könnten von einer solchen Zusammenarbeit für ihre schulische Arbeit profitieren.

Bei einer Unterrichtstätigkeit von Vertretern außerschulischer Organisationen sollten die Lehrkräfte genau darüber informiert sein, welche Inhalte vermittelt werden und vor allem, auf welche Art und Weise dies geschieht. Eine Zusammenarbeit kann sich als problematisch erweisen, wenn die Grundsätze zur Sexualerziehung (Schulgesetz § 33) nicht hinreichend beachtet werden.

Das Queere Netzwerk NRW hat eine Broschüre zum Thema Transsexualität für Kindertagesstätten entwickelt. Hier ein Auszug:

> »Viele trans* Menschen wissen bereits vor dem Eintritt in die Schule um ihr trans*-Sein. Dies bestätigen auch Erfahrungs- und Medienberichte von Eltern, deren Kinder im Alter zwischen zwei und sechs Jahren bereits äußern, nicht dem Geschlecht anzugehören, das ihnen bei der Geburt zugewiesen wurde« (Queeres Netzwerk NRW 2021, S. 8).

Dies Aussagen sind in mehrerlei Hinsicht fragwürdig, zudem pädagogisch folgenschwer. Zunächst ist von einem »zugewiesenen« Geschlecht die Rede. Damit wird eine Formel bedient, die im krassen Widerspruch zur Realität steht. Wenn ein Kind auf die Welt kommt, lässt sich zweifelsfrei feststellen, welches biologische Geschlecht es hat. Dafür reicht der bloße Augenschein. Kein Sprachakt kann erzeugen, was es in Wirklichkeit nicht gibt. Eine Wahloption existiert nicht. Eine Ausnahme kann im Rahmen der Intersexualität auftreten, einer seltenen Besonderheit der biologischen Entwicklung, die sich bei einem von 4.700 Kindern findet (Richter-Appelt & Schweizer 2010). Aber auch hier ist in den meisten Fällen eine Zuordnung möglich. Vor allem lässt sich aus der Intersexualität kein drittes

Geschlecht herleiten, es fehlt dazu an einem entscheidenden Merkmal, nämlich einem dritten Keimzellentyp (Ponseti & Stirn 2019, 2020; Beier, Bonsinski & Loewit 2021; Meyer 2022; Nüsslein-Volhard 2022; Steinhoff & Stirn 2022; vgl. auch Etschenberg, in diesem Band). Der Verweis auf Erfahrungen und Medienberichte, die behaupten, viele Kinder würden bereits vor der Schule um ihr »trans*-Sein« wissen, hält einer wissenschaftlichen Überprüfung nicht stand. Geschlechtsirritationen, die in einem frühen Lebensalter auftauchen, erweisen sich im Zeitverlauf als wenig stabil. Zumeist handelt es sich um Übergangsphänomene, die sich später von selbst wieder auflösen (Korte et al. 2008; Korte, Beier & Bosinski 2016; Becker-Hebly & Richter-Appelt 2018). Im Durchschnitt ist das bei 80 bis 85 Prozent der Betroffenen der Fall. Wissenschaftlich existieren keine validen Parameter, die eine Entwicklungsprognose erlauben würden.

Es ist also Vorsicht geboten: Eine vorschnelle Identifizierung mit einer vermeintlich gesicherten Geschlechtsidentität führt häufig in die Irre, deshalb ist der weit verbreitete transaffirmative Ansatz kritisch zu hinterfragen. Er besagt, dass Kinder und Jugendliche selbst am besten wüssten, wie es um sie steht, und sie nicht auf den Rat und das Urteil anderer angewiesen sind, etwa einer psychiatrisch-psychotherapeutischen Beratung und Begutachtung. Ihrem Willen soll gefolgt werden, das beinhaltet auch das 2024 verabschiedete Selbstbestimmungsgesetz. Ihm zufolge können bereits 14-Jährige ihren Namens- und Geschlechtseintrag standesamtlich per Sprachakt ändern lassen, mit Zustimmung der Eltern oder auch ohne sie, wenn ein Familienrichter das Kindeswohl nicht gefährdet sieht. Die Gefahr ist groß, dass dabei von Scheingewissheiten ausgegangen wird.[3]

Die große Mehrheit der Jugendlichen, die sich heute als »trans« identifizieren, hat in der Kindheit keinerlei Anzeichen einer Transidentität gezeigt. Das ist auch darauf zurückzuführen, dass sich die

---

3 Die ganze Tragweite der gesetzlichen Neufassung lässt sich auch daran bemessen, dass die Eltern den Geschlechtseintrag ihres Kindes in den ersten Lebensjahren ohne Überprüfung ändern können. Nach Vollendung des 5. Lebensjahres muss das Kind mit dem Geschlechtswechsel einverstanden sein.

Klientel in den letzten Jahren erheblich gewandelt hat. Früher waren es etwa 80 Prozent Jungen, die über Transitionswünsche berichteten, oft mit einer längeren Vorgeschichte. Jetzt sind es zu vier Fünfteln Mädchen, die in der (Prä-)Pubertät unvermittelt Umwandlungswünsche äußern, ohne dass es zuvor irgendwelche Anzeichen dafür gab (»Rapid Onset Gender Dysphoria«) (Littman 2019; Korte & Tschuschke 2023). Soziale Ansteckungsprozesse spielen dabei eine wichtige Rolle: aufgrund eines intensiven Medienkonsums und durch andere Jugendliche, die ebenfalls Transitionswünsche äußern. Ein weiterer Baustein kann die Schule sein, wenn sie eine offensive transaffirmative Haltung einnimmt, die sich den kindlichen Wünschen verschreibt und das Geschlecht zu einer Frage der Wahl erhebt.

Genderdysphorie und Transitionswünsche gehen statistisch gehäuft mit komorbiden Störungen wie Depressionen, Angststörungen, selbstverletzendem Verhalten, Suizidversuchen, Essstörungen oder Autismus-Spektrum-Störungen einher. Sie sind ernst zu nehmen, auch wenn die Transsexualität inzwischen nicht mehr per se als krankheitswertig gilt. In jedem einzelnen Fall sollte deshalb untersucht werden, woher sie stammen und was sie bedeuten. Kaum etwas spricht dafür, dass es sich bei ihnen ausschließlich um die Folge sozialer Diskriminierungserfahrungen handelt. Gerade Jugendliche befinden sich in einer herausfordernden, oft vulnerablen Lebensphase, die zahlreiche innere und äußere Konflikte aufwirft. Dementsprechend vielfältig sind die Hintergründe von Genderdysphorie und Transitionswünschen. Hinter einer vermeintlichen Transidentität bei Jugendlichen kann sich zum Beispiel eine abgewehrte Homosexualität verbergen, was nicht selten vorkommt (Etschenberg 2022; Korte et al. 2016).

Eine pädagogisch schwierige Situation tritt ein, wenn Kinder und Jugendliche mit einem neuen Namen angesprochen werden wollen, zumal dann, wenn dieser Wunsch sehr plötzlich auftaucht. Auf der einen Seite kann ein drängendes Begehren stehen, die Kinder wollen unbedingt eine schnelle Veränderung, weil sie psychisch sehr belastet sind. Andererseits sind sprachliche Veränderungen nicht so harmlos, wie sie auf den ersten Blick erscheinen mögen.

1.4 Neutralität, Toleranzgebot und Indoktrinationsverbot

Das neue Selbstbestimmungsgesetz erlaubt eine unkomplizierte Änderung des Namens- und Geschlechtseintrags in Form einer reinen Selbstdeklaration. Die Empfehlung des Queeren Netzwerks NRW (2021, S. 48) weist in die gleiche Richtung:

> »Sprechen Sie (trans*) Kinder (und Eltern) mit dem von ihnen gewählten Namen an. Mit Namen assoziieren wir bestimmte Zuschreibungen. Nicht nur was Geschlecht angeht, sondern auch Eigenschaften, Bildungshintergrund u. ä. Einen anderen Namen für sich zu wählen, kann eine bewusste Abgrenzung von diesen Zuschreibungen sein. Wenn Kinder für sich über längere Zeit einen anderen Namen wählen, der klassischerweise auch auf ein anderes Geschlecht deutet als das, das ihnen bisher zugeschrieben wurde, kann das ein Hinweis auf eine trans* Identität sein. Sie distanzieren sich von der Geschlechtszuschreibung, die mit ihrem bisherigen Namen einhergeht.«

Wer also einen anderen Namen und eine andere Geschlechtszuordnung möchte, soll sie ohne Aufschub und Zwischenschritte erhalten.

Die sprachliche Neudefinition geht in der Regel mit weiteren Veränderungen einher, etwa der Frisur und der Kleidung oder dem Wunsch, die Toilette des »neuen Geschlechts« zu benutzen. Eine solche soziale Transition kann beinhalten, dass etwas Neues mit offenem Ende ausprobiert wird, aber auch zu einer voreiligen Verfestigung des Transitionswunsches führen, der bereits eine Bestätigung durch die Erwachsenenwelt erfahren hat oder sogar, wie infolge des Selbstbestimmungsgesetzes, mit einem offiziellen Gütesiegel versehen wurde. Noch viel entscheidender ist die Frage, welche weiteren Folgen eine leicht zu erringende soziale Transition hat. Wie wirkt sie sich auf die nächsten Transitionsschritte aus, auf die Vergabe von Pubertätsblockern, Gegenhormonen und chirurgische Eingriffe?

Gesichert belegt ist bereits jetzt: Wer Pubertätsblocker erhält, bekommt später fast ausnahmslos auch Gegenhormone. Der einmal angefahrene Zug ist kaum noch aufzuhalten (Korte 2022). Die auch im Dutch-Protocol – der internationalen Leitlinie zur Behandlung von Genderdysphorie – enthaltene Annahme, durch Pubertätsblocker werde Zeit für eine endgültige Entscheidung gewonnen, hat sich als unzutreffend erwiesen. Unzureichend erforscht sind zudem die organischen Folgen, die aus der Vergabe von Pubertätsblocker resultieren, zum Beispiel auf die Gehirnentwicklung (Biggs 2022). Hinzu kommt, dass die Einnahme von Gegenhormonen zu schweren gesundheitlichen Problemen führen kann, wie eine aktuelle Studie aus den USA belegt (Gomez-Lumbreras & Villa-Zapata 2024).

Das Dutch Protocol wurde für Jugendliche entwickelt, da die Transitionen bei Erwachsenen oftmals nicht zufriedenstellend ausfielen (Biggs 2022). Es sollte deshalb früher mit den körperlichen Eingriffen begonnen werden, bereits dann, wenn die Jugendlichen noch gar nicht in die Pubertät eingetreten sind. Die Ähnlichkeit zum gewünschten Geschlecht sei zu dieser Zeit noch größer, operative Eingriffe könnten leichter erfolgen. Faktisch ist es jedoch so, dass die Unterdrückung der Pubertät operative Eingriffe bei biologisch männlichen Jugendlichen durchaus riskanter machen kann – da die Geschlechtsorgane nicht mehr wachsen und damit nicht genug »Material« für operative Angleichungen vorhanden ist. Über einen Todesfall bei einer Vaginoplastie-Operation wird berichtet (Biggs 2022) und auch Jazz Jennings, ein US-amerikanischer transsexueller Reality-TV-Star, hat unter erheblichen Komplikationen zu leiden (Miller & Nied 2020).

Häufig wird behauptet, das Suizidrisiko erhöhe sich stark, wenn Jugendliche nicht in ihrem Transitionswunsch anerkannt und bestärkt würden. Dieses Narrativ kann durch jüngste empirische Studien nicht belegt werden (Ruuska, Tuisku, Holttinen & Kaltiala 2024; NHS England & NHS Improvement 2024). Ein Grund dafür dürfte darin liegen, dass sich die Klientel inzwischen massiv verändert hat. Heute geht es in der Regel nicht mehr um männliche Jugendliche, die seit der frühen Kindheit Symptome einer Genderdysphorie zeigten, sondern zu 80 Prozent um Mädchen, die erst spät in der (Prä-)Pubertät Transitionswünsche äußern – und damit in ihrem Wunsch sehr viel ungesicherter sind.

Die Folgen des Selbstbestimmungsgesetzes lassen sich noch nicht empirisch belegen. Vieles spricht aber dafür, dass der Transitionsweg weiter beschritten wird, wenn die Tür dafür erst einmal demonstrativ geöffnet ist.

1.4 Neutralität, Toleranzgebot und Indoktrinationsverbot

»Nach meiner langjährigen Erfahrung mit Jugendlichen und jungen Erwachsenen in meiner Genderpraxis ist die Annahme, junge Menschen, die zunächst einmal in der sozialen Rolle des anderen Geschlechts leben und sich erproben wollen, würden i. A. reflektiert und quasi aus der Distanz zu ihren eigenen Wünschen mitten in der Pubertät nach einer Vornamens- und Personenstandsänderung auf weiterreichende medizinische Maßnahmen zur körperlichen Angleichung verzichten, ein Irrtum. Verständlicherweise wollen die meisten jungen Menschen jetzt sofort ›alles‹ und sind sich sicher, dass ihre Wünsche und deren Erfüllung dauerhaft und unveränderlich sein werden« (Försterling 2023, S. 1).

Deshalb betrachtet die Autorin eine übereilte soziale Transition mit einiger Skepsis, als Türöffner für weitergehende Interventionen. Renate Försterling, selbst transsexuell, ist eine niedergelassene Internistin, Psychotherapeutin und Sexualmedizinerin mit über 20-jähriger einschlägiger Behandlungserfahrung.

Hinzu kommt, dass immer mehr Jugendliche (und Erwachsene), die sich einer medizinischen Transition unterzogen haben, wieder in ihr Geburtsgeschlecht zurückkehren möchten, wobei Detransitionen vielfältige Formen annehmen können (Cohn 2023). Unzutreffend ist die verbreitete Behauptung, dieser Wunsch käme anteilig nur äußerst selten vor und sei deshalb in der Gesamtbetrachtung zu vernachlässigen. Einige internationale Untersuchungen verweisen auf zwei bis drei Prozent, andere liegen deutlich darüber, wobei hohe Dunkelzifferquoten nicht ausgeschlossen werden können. Nach Hall, Mitchell und Sachdeva (2021) detransitionieren 10–12 % der Jugendlichen innerhalb von 16 Monaten bis 5 Jahren, 20–22 % geben eine medizinische Behandlung aus unterschiedlichen Gründen auf. Roberts, Klein, Adirim, Schvey und Hisle-Gorman (2022) gehen davon aus, dass sogar 30 % derjenigen, die eine medizinische Transition begonnen haben, diese wieder abbrechen – und oft lebenslang mit den irreversiblen Folgen leben müssen (vgl. auch Bell 2024).

Bisher haben in Deutschland psychiatrisch-gutachterliche Stellungnahmen dafür gesorgt, dass der Wunsch, das Geschlecht zu wechseln, einem Reflektionsprozess unterzogen wurde. Diese Gutachten sollen jetzt entfallen und allenfalls durch unverbindliche

Beratungsangebote ersetzt werden. Die Wahrscheinlichkeit, dass dadurch Fehlentscheidungen zunehmen, dürfte bei immens gestiegenen Fallzahlen und einer veränderten Klientel (»Rapid Onset Gender Dysphoria«) ausgesprochen hoch sein. Neu ist, dass sich zunehmend mehr Detransitioner an die Öffentlichkeit wenden, ihre Stimmen sind nach Zeiten des Schweigens deutlich vernehmbar (Richter 2023; Evans, C. 2022; London 2023; Nele, Eli & Sam 2022; Vandenbussche 2021). Auf der Online Plattform Reddit finden sich fast 50.000 Personen, für die dieses Thema von Interesse ist.

All das sollte bedacht werden, wenn der Wunsch nach einer Namensänderung an Lehrerinnen und Lehrer herangetragen wird. Cohen-Kettenis, Delemarre-van de Waal & Gooren (2008), auf die das Dutch Protocol zurückgeht, betonen, dass eine soziale Transition verantwortlich erst dann angestrebt werden dürfe, wenn eine hohe Wahrscheinlichkeit besteht, dass eine stabile Transidentität vorliegt. Daneben ist es wissenschaftlich nicht geklärt, ob eine soziale Transition das psychische Wohlbefinden der Jugendlichen überhaupt verbessert (Sievert, Schweizer, Barkmann, Fahrenkrug & Becker-Hebly 2020).

Ein weiteres Spannungsfeld liegt im Verhältnis von Eltern und Schule. Immer dann, wenn in der Schule grundlegend anders verfahren wird als im Elternhaus. »Sprechen Sie (trans*) Kinder (und Eltern) mit dem von ihnen gewählten Namen an«, so wird es vom Queeren Netzwerk NRW empfohlen. Wenn das geschieht, ohne dass die Eltern damit einverstanden sind, entsteht eine konfuse Situation, die Kindern eine Parteilichkeit nahelegt, sie möglicherweise geradezu erzwingt. Wohl in aller Regel zugunsten der Schule, die ihren Wünschen folgt, und gegen die Eltern, die ihnen etwas vorenthalten. Im Endeffekt, falls sich die Fronten verhärten, wird eine juristische Klärung unumgänglich sein. Ein amerikanisches Urteil aus Massachusetts sollte zu denken geben. Dort gewannen die Eltern eine Klage gegen die Schule, die ohne ihr Wissen und ihre Zustimmung sowie ohne medizinische Diagnose eine soziale Transition vorgenommen hatte (United States District Court 2022).

Es gibt also eine Fülle von Gründen, mit dem Transitionsthema sensibel, sachgerecht und ohne ideologische Besetzungen umzugehen. Das ist bisher nicht immer der Fall gewesen, zumal sich an diesem Punkt erhebliche gesellschaftliche Debatten und ideologische Kämpfe entzünden, die nicht auf dem Rücken der Kinder ausgetragen werden dürfen. Sie beziehen sich vor allem auf die biologische Zweigeschlechtlichkeit sowie die Möglichkeit und Grenzen sozialer und psychologischer (Selbst-)Konstruktionen.

Das Schulministerium in NRW hat inzwischen gegenüber der Presse verlauten lassen, dass die Unterrichtsmaterialien zur Transsexualität überarbeitet werden sollen. Schüler und Schülerinnen sollen ausgewogen und vorsichtig über geschlechtsangleichende Maßnahmen informiert und auch über die Risiken aufgeklärt werden (Die WELT, 05. 10. 2023). Dies ist ein überfälliger und notwendiger Schritt gemäß den gesetzlichen Grundsätzen zur Sexualaufklärung und -erziehung nicht nur für die Schule, sondern auch die Kita.

Schulische Bildung sollte sich auf Fakten und Empirie stützen, dies betrifft auch die Sexualerziehung. Ansonsten liegt der Verdacht einer Ideologisierung im staatlichen Auftrag nahe. Sexualpädagogik ist heute womöglich wichtiger denn je. Kinder und Jugendliche sind einer Flut von oftmals verstörenden Bildern und Informationen vor allem in sozialen Medien zur Sexualität ausgesetzt, an denen sie sich oftmals unreflektiert orientieren. Es liegt in der Verantwortung der Eltern und auch der Schule, Reflektionsprozesse bei Kindern und Jugendlichen anzuregen.

Bedenklich stimmt, dass die neo-emanzipatorische Sexualpädagogik bei der Entwicklung von Zielen, Inhalten und Methoden sowie in der Ausbildung von Sexualpädagoginnen und -pädagogen faktisch eine Monopolstellung errungen hat (Etschenberg 2019a). Demgegenüber ist es dringend erforderlich, dass eine Diskussion eröffnet wird, die dem aktuellen wissenschaftlichen Erkenntnisstand gerecht wird und unterschiedliche Interessen zulässt, ohne dass Kritikern reflexartig eine politische fragwürdige Motivation oder ein »ewig Gestrig-Sein« unterstellt wird.

1.5 Literatur

Ahrbeck, B. (2024): Basteln am Ich. Springe: Zu Klampen.
Ahrbeck, B. & Felder, M. (2020): Die klassische Familie wird zum Ausnahmefall. Frankfurter Allgemeine Zeitung vom 03.09.2020, Nr. 205, 8.
Becker-Hebly, I. & Richter-Appelt, H. (2018): Langzeitentwicklungen bei Geschlechtsdysphorie und Gendervarianz im Kindes- und Jugendalter: Datenlage und Implikationen psychosexueller und psychischer Entwicklungsverläufe. Kinderanalyse 26 (3), 180–201.
Beier, K. M., Bosinski, H. A. G. & Loewit, K. (2021): Sexualmedizin. Grundlagen und Klinik sexueller Gesundheit. München: Urban & Fischer
Bell, D. (2024): Antwort auf Aaron Lahls Bemerkungen zu meinem Aufsatz »Primun non nocere«. Psyche 78, 335–362.
Biggs, M. (2022): The Dutch Protocol for Juvenile Transsexuals: Origins and Evidence. Journal of Sex & Marital Therapy 49 (4), 348–368.
Bruckner, P. & Finkielkraut, A. (1979): Die neue Liebesunordnung. München: Hanser.
Butler, J. (1991): Das Unbehagen der Geschlechter. Frankfurt a.M.: Suhrkamp.
BVerfG (Bundesverfassungsgericht): Beschluss vom 21. Dezember 1977–1 BvL 1/75 u. a. – BVerfGE 47, 46 <77 f.>. Online verfügbar unter: http://www.bverwg.de/de/080508B6B64.07.0, Zugriff am 25.02.2024.
BVerwG 6 B 64.07 (Bundesverwaltungsgericht): Beschluss vom 08. Mai 2008. Online verfügbar unter: http://www.bverwg.de/de/080508B6B64.07.0, Zugriff am 25.02.2024.
Christmann, B., Lamour, M., Wazlawik, M., Schmidt, F. & Dekker, A. (2021): Prozesse professioneller Selbstcharakterisierung in Einrichtungen aus dem Bereich der Sexualpädagogik und der Prävention sexualisierter Gewalt. neue praxis 2 (21), 118–133.
Cohen-Kettenis, P. T., Delemarre-van de Waal, H. A. & Gooren, L. J. G. (2008): The treatment of adolescent transsexuals: Changing Insights. Journal of Sexual Medicine 5 (8), 1892–1897.
Cohn, J. (2023): The Detransition Rate Is Unknown. Archives of Sexual Behaviour 52, 1937–1952.
Dammer, K.-H. (2015): Einfalt der Vielfalt. Zur Heterogenität als neuer Norm der (Sexual)Pädagogik. Pädagogische Korrespondenz 51, 4–31.
Deutsche Gesellschaft für Transidentität und Intersexualität e.V. (2023): Zahlenspiele. Online verfügbar unter: http://dgti.org/2021/08/12/zahlenspiele/, Zugriff am 07.02.2024.

1.5 Literatur

DSM-5 Diagnostisches und Statistisches Manual Psychischer Störungen (2013): Deutsche Ausgabe. Falkai, P. & Wittchen, H.-U. (Hrsg.), Hogrefe: Göttingen.

Etschenberg, K. (2019a): Sexualerziehung – Kritisch hinterfragt. Berlin: Springer.

Etschenberg, K. (2019b): Stellungnahme zu den »Standards für die Sexualaufklärung in Europa«. Bundeszentrale für gesundheitliche Aufklärung (Hrsg.) (2011). Online verfügbar unter: http://www.k-etschenberg.de/resources/Stellungnahme+zu+den+Standards+f$C3$BCr+die+Sexualaufkl$C3$A4rung+in+Europa.pdf, Zugriff 18.01.2024.

Etschenberg, K. (2022): Sex, Gender, Inter und Trans als Themen für die Sexualbildung. In: B. Ahrbeck & M. Felder (Hrsg.), Geboren im falschen Körper (S. 87–112). Stuttgart: Kohlhammer.

Evans, C. (2022): Ich dachte, ich bin ein Junge. In: A. Schwarzer & C. Louis (Hrsg.), Transsexualität. Was ist eine Frau? Was ist ein Mann? (S. 84–88). Köln: Kiepenheuer & Witsch.

Försterling, R. (2023): Stellungnahme zum Referentenentwurf zum Selbstbestimmungsgesetz. Online verfügbar unter: http://www.praxis-foersterling.de/Stellungnahme%20zum%20Entwurf%20des%20Selbstbestimmungsgesetz,%20Dr.%20med.%20Renate%20Foersterling.pdf, Zugriff am 18.01.2024.

Gomez-Lumbreras A. & Villa-Zapata L. (2024): Exploring Safety in Gender-Affirming Hormonal Treatments: An Observational Study on Adverse Drug Events Using the Food and Drug Administration Adverse Event Reporting System Database. Ann Pharmacother. 2024 Feb. Epub ahead of print. Online verfügbar unter: doi: 10.1177/10600280241231612, Zugriff am 24.02.2024.

Guillebaud, J.-C. (1999): Die Tyrannei der Lust. Sexualität und Gesellschaft. München: Luchterhand.

Hall, R., Mitchell, L., & Sachdeva, J. (2021): Access to Care and Frequency of Detransition among a Cohort Discharged by a UK national Adult Gender Identity Clinic: Retrospective case-note review. British Journal of Psychiatry Open 7 (6), 1–8.

Hartmann, J. (2004): Dynamisierungen der Triade Geschlecht – Sexualität – Lebensform: Dekonstruktive Perspektiven und alltägliches Veränderungshandeln in der Pädagogik. In: S. Timmermanns, E. Tuider & U. Sielert (Hrsg.), Sexualpädagogik weiter denken. Postmoderne Entgrenzungen und pädagogische Orientierungsversuche (S. 59–77). Weinheim: Beltz Juventa.

Kentler, H. (1970): Sexualerziehung. Hamburg: Rowohlt.

Kentler, H. (1983): Einleitung. In: W. McBride & H. Fleischhauer-Hardt (Hrsg.), Zeig Mal! Ein Bilderbuch für Kinder und Eltern (S. 4–11). Wuppertal: Peter Hammer.

Kentler, H. (1999): Eltern lernen Sexualerziehung. Hamburg: Rowohlt.

Korte, A. (2022): Geschlechtsdysphorie bei Kindern und Jugendlichen aus medizinischer und entwicklungspsychologischer Sicht. In: B. Ahrbeck & M. Felder (Hrsg.), Geboren im falschen Körper (S. 43–86). Stuttgart: Kohlhammer.

Korte, A. & Tschuschke, V. (2023): Sturm und Drang im Würgegriff der Medien – Die Leiden der jungen Generation am eigenen Geschlecht. Zeitschrift für Kinder- und Jugendpsychiatrie und Psychotherapie 51 (5), 351–365.

Korte, A., Beier, K. M. & Bosinski, H. A. G. (2016): Behandlung von Geschlechtsdysphorie (Geschlechtsidentitätsstörungen) im Kindes- und Jugendalter: Ausgangsoffene psychotherapeutische Begleitung oder frühzeitige Festlegung und Weichenstellung durch Einleitung einer hormonellen Therapie? Sexuologie 23 (3–4), 117–132.

Korte, A., Goecker, D., Krude, H., Lehmkuhl, U., Grueters-Kieslich, A. & Beier, K. M. (2008): Geschlechtsidentitätsstörungen im Kindes- und Jugendalter. Deutsches Ärzteblatt 105 (48), 834–841.

Kunze, A. B. (2015): Bildungsplanreform in Baden-Württemberg – ein Beispiel für die problematischen Folgen der Umstellung auf kompetenzorientierte Lehrpläne. Online verfügbar unter: http://bildung-wissen.eu/wp-content/uploads/2015/04/Kunze_Bildungsplanreform_2015.pdf, Zugriff am 30.11.2023.

Laibl, M. & Roher, M. (2017): Prinzessin Hannibal. Wien: Luftschacht.

Littman, L. (2019): Correction: Parent reports of adolescents and young adults perceived to show signs of a rapid onset of gender dysphoria. PLOS ONE 14 (3). Online verfügbar unter: http://journals.plos.org/plosone/article?id=10.1371/journal.pone.0202330, Zugriff am 17.10.2023.

London, O. (2023): Gender Madness: One Man's Devastating Struggle with Woke Ideology and His Battle to Protect Children. New York: Skyhorse.

LSVD (Lesben-und Schwulenverband in Deutschland) (2023): Die rechtlichen Vorgaben für den Sexualkundeunterricht. (3) Der Erziehungsauftrag des Staates. Online verfügbar unter: http://www.lsvd.de/de/ct/416-Die-rechtlichen-Vorgaben-fuer-den-Sexualkundeunterricht, Zugriff am 07.02.2024.

Marcuse, H. (1968): Das Veralten der Psychoanalyse. In: H. Marcuse (Hrsg.), Kultur und Gesellschaft 2 (S. 85–106). Frankfurt a.M.: Suhrkamp.

Metzger, G. (2018): Neue Familienformen und Reproduktionsmedizin – Ein psychoanalytischer Zugang. In: B. Ahrbeck, M. Dörr & J. Gstach (Hrsg.), Der Genderdiskurs in der Psychoanalytischen Pädagogik. Eine notwendige Kontroverse. Jahrbuch für Psychoanalytische Pädagogik (Bd. 26) (S. 132–148). Gießen: Psychosozial.

Meyer, A. (2022): Am Ende kommen immer Männchen und Weibchen heraus. Frankfurter Allgemeine Zeitung vom 20.07.2022, Nr. 166, 11.

Miller, K. & Nied, J. (2020): Jazz Jennings Says She Is ›Super Happy With The Results‹ Of Her 3rd Gender Confirmation Surgery. Online verfügbar unter: http://www.womenshealthmag.com/health/a23828566/jazz-jennings-gender-confirmation-surgery-complication/, Zugriff am 19.02.2024.

Nele, Eli & Sam (2022): Von Frau zu Mann zu Frau. In: A. Schwarzer & C. Louis (Hrsg), Transsexualität. Was ist eine Frau? Was ist ein Mann? (S. 89–105). Köln: Kiepenheuer & Witsch.

NHS England & NHS Improvement (Hrsg.) (2024). The Cass Review. Online verfügbar unter: http://cass.independent-review.uk/home/publications/final-report/, Zugriff 23.04.2024.

Nüsslein-Volhard, C. (2022): Viele Geschlechter? Das ist Unfug! EMMA vom 22.08.2022. Online verfügbar unter: http://www.emma.de/artikel/viele-geschlechter-das-ist-unfug-339689, Zugriff am 25.01.2024.

Olsen, P. & Olsen, K. E. (2017): Wo ist Karlas Papa? Traunstein: Nova MD.

Onano, M. (2019): Alles Rosa. Berlin: Jaja.

Online Plattform Reddit (Stichwort: r/detrans) (o. J): Online verfügbar unter: http://www.reddit.com/r/detrans/, Zugriff am 12.02.2024.

Petition (2013): Zukunft – Verantwortung – Lernen: Kein Bildungsplan 2015 unter der Ideologie des Regenbogens. openpetition.de vom 9. Dezember 2013. Online verfügbar unter: http://www.openpetition.de/petition/online/zukunft-verantwortung-lernen-kein-bildungsplan-2015-unter-der-ideologie-des-regenbogens, Zugriff am 12.11.2023.

Ponseti, J. & Stirn, A. (2019): Wie viele Geschlechter gibt es und kann man sie wechseln? Zeitschrift für Sexualforschung 32 (3), 131–147.

Ponseti, J. & Stirn, A. (2020): Die Trans-Konstruktion. Making Trans. Zeitschrift für Sexualforschung 33 (1), 29–34.

Queeres Netzwerk NRW (2021): Queer in der Kita. Online verfügbar unter: http://www.kompetenznetzwerk-deki.de/fileadmin/user_upload/Material/Materialsammlung/Queer-in-der-Kita.pdf, Zugriff am 22.01.2024.

Queeres Netzwerk NRW (2022): Satzung. Online verfügbar unter: https://queeres-netzwerk.nrw/wp-content/uploads/2021/04/SatzungQNW_2022_10.pdf, Zugriff am 20.01.2024.

QueerNet Rheinland-Pfalz (2015): Kita Koffer. Familien und Lebensvielfalt. Online verfügbar unter: http://queernet-rlp.de/wp-content/uploads/2023/06/Flyer_kita_koffer_web2015.pdf, Zugriff am 05.02.2024.

Reich, W. (1985, urspr. 1936): Die sexuelle Revolution. Ursprungstitel: Die Sexualität im Kulturkampf (1936). Frankfurt a.M.: Fischer.

Reiche, R. (1971): Sexualität und Klassenkampf. Frankfurt a.M.: Fischer.

Richter-Appelt, H. & Schweizer, K. (2010): Intersexualität oder Störung der Geschlechtsentwicklung. Psychotherapeut 55, 36–42.
Richter, A. (2023): Ich möchte nie wieder in die Nähe eines Skalpells kommen. WELT-online. Online verfügbar unter: http://www.welt.de/kultur/plus239878967/Bereute-Geschlechtsumwandlung-Ich-war-wie-besessen-davon.html, Zugriff am 26.01.2023.
Richtlinien für die Sexualerziehung NRW (1999): Herausgegeben vom Ministerium für Schule, Wissenschaft und Forschung, Heft 5001. Frechen: Ritterbach. Online verfügbar unter: http://www.schulministerium.nrw/sites/default/files/documents/Richtlinien-fuer-die-Sexualerziehung-in-NRW.pdf, Zugriff am 24.01.2024.
Roberts, C. M., Klein, D. A., Adirim, T. A., Schvey, N. A. & Hisle-Gorman, E. (2022): Continuation of Gender-affirming Hormones Among Transgender Adolescents and Adults. The journal of clinical endocrinology and metabolism 107 (9), 3937–3943.
Ross, A. (2023): Pornos ab der 3. Klasse. EMMA online. Online verfügbar unter: http://www.emma.de/artikel/pornos-ab-der-dritten-klasse-340259, Zugriff am 12.12.2023.
Ruuska, S-M., Tuisku, K., Holttinen, T. & Kaltiala, R. (2024): All-cause and suicide mortalities among adolescents and young adults who contacted specialised gender identity services in Finland in 1996–2019: a register study. BMJ Mental Health 27 (1), 1–6.
Schlau NRW (2019). Jahresbericht 2019. Online verfügbar unter: http://www.schlau.nrw/wp-content/uploads/2020/11/SCHLAU-Jahresbericht_2019_final.pdf, Zugriff am 24.04.2024
Schmelcher, A. (2014): Unter dem Deckmantel der Vielfalt. Frankfurter Allgemeine Sonntagszeitung vom 14.10.2014, 3.
Schmitz-Weicht, C. & Schmitz, K. (2013): Wie Lotta geboren wurde. Darmstadt: Atelier 9 ¾.
Schmoll, H. (2014): Der Gesinnungslehrplan. FAZ.NET. Online verfügbar unter: http://www.faz.net/aktuell/politik/gruen-rote-padagogik-der-gesinnungslehrplan-12766603.html, Zugriff am 07.02.20.
Sielert, U. (2001): Gender Mainstreaming im Kontext einer Sexualpädagogik der Vielfalt. BzGAForum 4, 18–24.
Sielert, U. (2015): Einführung in die Sexualpädagogik. Weinheim: Beltz.
Sievert, E. D., Schweizer, K., Barkmann, C., Fahrenkrug, S. & Becker-Hebly, I. (2020): Not social transition status, but peer relations and family functioning predict psychological functioning in a German clinical sample of children with Gender Dysphoria. Clinical Child Psychology and Psychiatry 26 (1), 79–95.

Sozialpädagogisches Fortbildungsinstitut Berlin-Brandenburg und Bildungsinitiative Queerformat (Hrsg.) (2018): Murat spielt Prinzessin, Alex hat zwei Mütter und Sophie heißt jetzt Ben. Sexuelle und geschlechtliche Vielfalt als Themen frühkindlicher Inklusionspädagogik. Handreichung für pädagogische Fachkräfte der Kindertagesbetreuung. Berlin. Online verfügbar unter: http://www.queerformat.de/murat-spielt-prinzessin-alex-hat-zwei-muetter-und-sophie-heisst-jetzt-ben/, Zugriff am 04.02.2024.

Steinhoff, U. & Stirn, A. (2022): Warum die Biologie nur zwei Geschlechter kennt. Frankfurter Allgemeine Zeitung vom 20.7.2022, Nr. 166, 4.

Teising, M. & Burchartz A. (Hrsg.) (2023): Die Illusion grenzenloser Verfügbarkeit: Über die Bedeutung von Grenzen für Psyche und Gesellschaft. Gießen: Psychosozial.

Timmermanns, S. (2003): Keine Angst, die beißen nicht! Evaluation schwul-lesbischer Aufklärungsprojekte in Schulen. Dissertation Universität Köln. Jugendnetzwerk Lambda. Online verfügbar unter: http://www.researchgate.net/publication/266877593_Keine_Angst_die_beissen_nicht_Evaluation_schwul-lesbischer_Aufklarungsprojekte_in_Schulen, Zugriff am 18.02.2024.

Timmermanns, S., Tuider, E. & Sielert, U. (Hrsg.) (2004): Sexualpädagogik weiter denken. Postmoderne Entgrenzungen und pädagogische Orientierungsversuche. Weinheim: Beltz Juventa.

Trautsch, M. (2016): Das wäre ein Beitrag zur Sexualisierung von Kindern. Frankfurter Allgemeine Zeitung online. Online verfügbar unter: http://www.faz.net/aktuell/rhein-main/lehrplan-hessen-beitrag-zu-sexualisierung-von-kindern-14448611.html, Zugriff am 05.01.2024.

Tuider, E. & Dannecker, M. (2016): Das Recht auf Vielfalt. Aufgaben und Herausforderungen sexueller Bildung. Göttingen: Wallstein.

Tuider, E., Müller, M., Timmermanns, S., Bruns-Bachmann, P. & Koppermann, C. (2012): Sexualpädagogik der Vielfalt. Praxismethoden zu Identitäten, Beziehungen, Körper und Prävention für Schule und Jugendarbeit. Weinheim: Beltz Juventa.

United States District Court (2022): Stephen Foote vs. Town of Ludlow, MA. Online verfügbar unter: http://storage.courtlistener.com/recap/gov.uscourts.mad.243970/gov.uscourts.mad.243970.51.0.pdf, Zugriff am 20.11.2024.

Valtl, K. (1997): Emanzipatorische Sexualpädagogik: Konsequenzen für Aus- und Fortbildung. Online verfügbar unter: http://www.isp-sexualpaedagogik.org/downloadfiles/Emanzipatorische%20Sexualp%C3%A4dagogik%20(Merseburg%201997)%20.pdf, Zugriff am 01.02.2024.

Vandenbussche, E. (2021): Detransition-Related Needs and Support: A Cross-Sectional Online Survey. Journal of Homosexuality 69 (9), 1602–1620.

von Leszczynski, U. (2019): 50 Jahre Sexualkunde an Schulen. Ärzte Zeitung. Online verfügbar unter: http://www.aerztezeitung.de/Panorama/50-Jahre-Sexualkunde-an-Schulen-313274.html, Zugriff am 27.11.2023.

Weber, Ch. (2014): Was Sie noch nie über Sex wissen wollten. Süddeutsche Zeitung, Ausgabe vom 24.04.2014, 9.

WELT (2023, 5. Oktober): Schüler sollen auch vor Risiken der Geschlechtsumwandlung gewarnt werden. Online verfügbar unter: http://www.welt.de/regionales/nrw/article247735986/Schueler-sollen-erstmals-vor-Risiken-von-Geschlechtsumwandlung-gewarnt-werden.html?icid=search.product.onsitesearch, Zugriff am 03.02.2024.

2 Fehleinschätzungen in der Sexualpädagogik

Karla Etschenberg

2.1 Fehleinschätzungen in der Wissenschaft

Fehleinschätzungen in der Wissenschaft sind eine unvermeidbare Selbstverständlichkeit. Fortlaufend erweisen sich viele wissenschaftlich begründete Aussagen durch neue Erfahrungen, Entdeckungen, Erfindungen, Forschungsergebnisse, technische Fortschritte und sachlich-logisch für begründete Paradigmenwechsel als Fehleinschätzungen. Sie sind nur zu kritisieren, wenn sie absichtlich oder fahrlässig Sachverhalte oder Deutungen ignorieren oder falsch darstellen, die experimentell nachgewiesen bzw. überprüfbar sind oder zweifelsfrei erfahren wurden bzw. erfahrbar sind und/oder logisch hergeleitet und nachvollziehbar sind. Fatal ist es, wenn der »wissenschaftlich« begründeten bzw. von Wissenschaftlern unterstützten Fehleinschätzung praktische Konsequenzen folgen, die Nutzer oder Verbraucherinnen fachlich nicht beurteilen können und die ihr Verhalten oder ihre Umweltbedingungen ungünstig beeinflussen.

Das Schicksal der Aussage, die Erde sei eine Scheibe, oder die vielen Irrwege in der Hygiene beim Kampf gegen Seuchen (Gundermann, Rüden & Sonntag 1991) oder die irrige Annahme, Lebewesen entstünden aus toter Materie, z. B. Maden aus faulendem Fleisch, sind bekannte Beispiele. Auch die Einschätzung, Wachstum sei ein Garant für Wohlstand und Wohlergehen der Gesellschaft, weicht unter dem Eindruck aktueller Entwicklungen einer Neubewertung bzw. einem

Paradigmenwechsel mit der Tendenz zur Postwachstumsgesellschaft (u. a. Seidl & Zahrnt 2010).

Letztgenanntes Beispiel kann man aber nur zögerlich in die Reihe der verzeihlichen Fehleinschätzungen einordnen, da bereits seit 50 Jahren Fakten und Prognosen veröffentlicht wurden, die das Wachstumskonzept als auf Dauer unhaltbar entlarvten (u. a. Meadows, D. H., Meadows, D. L., Randers & Behrens 1972). Diese Hinweise wurden aber lange Zeit nicht ernst genommen bzw. ignoriert, weil zu viele Interessen von einem Paradigmenwechsel betroffen gewesen wären und die Interessenvertreter und Profiteure die damit verbundenen Nachteile nicht hinnehmen wollten.

Es gibt aber noch andere Motive für den Widerstand, Fehleinschätzungen einzugestehen, bzw. für die Förderung von Fehleinschätzungen: Da ist die persönliche Betroffenheit zu nennen, die es einem von Nikotin abhängigen Menschen oder einem Haschisch Konsumierenden unmöglich macht, wissenschaftlich verbrämte Bagatellisierung des Drogengenusses als Fehleinschätzung zu erkennen. Schädlich ist dieses Motiv für die Allgemeinheit, wenn sich ihre Vertreter und Vertreterinnen an deren Verbreitung in Medien oder sogar an der Durchsetzung von Richtlinien oder Gesetzen beteiligen. Zum anderen kann weltanschauliche, religiöse oder politisch-ideologische Voreingenommenheit Antrieb zu Fehleinschätzungen sein, weil u. a. »nicht sein kann, was nicht sein soll«. Und – selbstverständlich – auch die reine Lust an der Provokation und an der öffentlichen und medialen Aufmerksamkeit kann dazu verleiten, eine Fehleinschätzung als wissenschaftliche Neuigkeit kundzutun, wie es z. B. bei der Corona-Epidemie in den Medien zu beobachten war

Viele Themen sind anfällig für im Prinzip vermeidbare und irreführende Fehleinschätzungen. Eines davon ist das Thema Sexualität und Sexualpädagogik, bei dem das ganze Spektrum menschlicher Motive wirksam werden kann.

Jeder ist von dem Thema persönlich und oder in Beziehungen betroffen und hat ein intimes Interesse an der einen oder anderen »wissenschaftlichen« und daraus hergeleiteten »pädagogischen« Sicht- und Vorgehensweise.

2.1 Fehleinschätzungen in der Wissenschaft

Alle Religionen machen mit Bezug auf Grundüberzeugungen ihren Anhängern Vorgaben für ein wünschenswertes Sexualverhalten. Sie scheuen dabei auch nicht vor dem Verbreiten von offenkundigen Fehleinschätzungen zurück – wie man am Beispiel »Schädlichkeit von Selbstbefriedigung« in alten Aufklärungsschriften nachlesen kann.

In Parteiprogrammen wird das Thema heutzutage insbesondere unter den Aspekten Entdiskriminierung, Geschlechtergerechtigkeit und Fortpflanzung/Bevölkerungswachstum aufgegriffen und tendenziös beeinflusst.

Nicht zuletzt können auch wirtschaftliche Interessen (»sex sells«) zu Fehleinschätzungen verführen, sowohl auf Seiten derer, die Käufliches entweder für die Nachkommenschaft/Kinder (Windeln, Spielzeug, Kleidung, Schulsachen etc.) oder für Erwachsene (Verhütungsmittel, Sexspielzeuge, Pornografie, Prostitution usw.) anbieten.

Betroffen sein können auch diejenigen, die an pädagogischen oder medizinisch-therapeutischen Konsequenzen durch entsprechende Dienstleistungen verdienen, unter anderem als honorierte externe »Sexperten« in Kita und Schule oder infolge lebenslanger Hormontherapien bei Transmenschen.

Eine aus heutiger Sicht kaum mehr verständliche Fehleinschätzung spricht aus der Aussage eines hochangesehenen Embryologen zum Thema Homologie der weiblichen und männlichen Geschlechtsorgane: »die Glans clitoridis [Eichel der Klitoris, K. E.] ist nicht der Glans Penis [Eichel des Penis, K. E.] homolog« (Starck 1965, S. 523). Bei der Beschreibung der äußeren Geschlechtsorgane werden die Schwellkörper der Klitoris im Gegensatz zu denen des Penis nicht erwähnt (ebd. S. 520). Diese Fehleinschätzung hatte die Konsequenz, dass die tatsächlichen anatomischen Gemeinsamkeiten von Penis und Klitoris weder von Ärzten noch von Pädagoginnen mit Patienten bzw. Schülerinnen besprochen werden konnten. Die Sichtweise von zwei in einem wichtigen Detail anatomisch »unterschiedlichen« Menschen und von der Funktionslosigkeit der Klitoris hat sich so Jahrzehnte lang hartnäckig im Bewusstsein der Bevölkerung halten können. Die Klitoris mutierte in Abbildungen und Modellen zu einem nutzlosen »Knötchen«, obgleich schon im 16. Jahrhundert ein detailliertes

Wissen über die Klitoris existierte (Wikipedia: Klitoris), es bei Magnus Hirschfeld (1930, S. 139) eine eindeutige Darstellung dazu gibt und es bereits in MEYERS Konversationslexikon 1896 auf Seite 248 heißt: »Sie [die Klitoris, K. E.] ist mit zwei Schwellkörpern versehen und dadurch fähig, bei Blutzufluß anzuschwellen und sich zu erheben.« Über die Motive zu dieser für Mädchen und Frauen nachteiligen Fehleinschätzung des Embryologen lohnt es sich nachzudenken.

Im Folgenden werden drei aktuelle Beispiele für Einschätzungen diskutiert, die nach Auffassung der Autorin bei genauerem Hinsehen als (vermeidbare) Fehleinschätzungen mit zum Teil gravierenden Folgen für die sexualpädagogische Praxis anzusehen sind.

2.2 Fehleinschätzungen in der Sexualpädagogik

2.2.1 Helmut Kentler – »ein Leuchtturm und Vorbild«?

Helmut Kentler (1928–2008) war ein Sozialpädagoge, der 1968 mit »10 Grundsatzthesen der Sexualerziehung« (Valtl 1997, S. 13) Aufsehen erregte und in den 1970er Jahren viel Anerkennung für sein Konzept der sexualfreundlichen emanzipatorischen Sexualerziehung erfuhr. Als Autor, Vortragender und Gutachter war er sehr erfolgreich (u. a. durch den Ratgeber »Eltern lernen Sexualerziehung« 1975) und hat viele Spuren im gesellschaftlichen und pädagogischen Umgang mit Sexualität hinterlassen. Aber war er deshalb ein »Leuchtturm« und »Vorbild für öffentliche Wissenschaft« (Lautmann 2008)?

So wurde Kentler 2008 in dem Nachruf von Rüdiger Lautmann[4] im Namen der »Humanistischen Union« eingeschätzt und gepriesen.

---

4 Rüdiger Lautmann (geb. 1935) war Professor für Allgemeine Soziologie und Rechtssoziologie an der Universität in Bremen und Mitglied des Beirates der

2.2 Fehleinschätzungen in der Sexualpädagogik

Elisabeth Tuider[5] (für die Gesellschaft für Sexualpädagogik/isp) und Pro Familia waren sich in der uneingeschränkten posthumen Hochschätzung Kentlers mit Lautmann einig. Und Jan Feddersen (2008, S. 18) nannte ihn einen »der wichtigsten Interpreten des sexualaufklärerischen Zeitgeistes«. Solch lobende Worte aus Fachkreisen machten zweifellos auf interessierte Pädagoginnen und Pädagogen, Eltern und Kultusbehörden Eindruck und legitimierten grundsätzlich sexualpädagogisches Vorgehen im Sinne des Verstorbenen. Leuchttürme ermöglichen sichere Orientierung, und vorbildliche Wissenschaftlichkeit motiviert zu kritikloser Akzeptanz.

Im Laufe der letzten Jahre wurde aber durch mehrere Gutachten publik, wie Kentler seine sexualpädagogischen Grundsätze u. a. offiziell mit Hilfe des Berliner Jugendamtes umsetzte, indem er erziehungsschwierige Jungen an pädosexuell aktive Männer vermittelte (Baader, Opperman, Schröder & Schröer 2020; Baader et al. 2024). Er nannte diese nach damaligem und heutigem Recht strafbare Maßnahme ein »Experiment«, das er selbst als gelungen bezeichnete, war aber so klug, sich dazu erst öffentlich zu bekennen, als sie verjährt war.

Das heißt, dass man bei seinem Ableben durchaus von diesem »Experiment« wissen konnte, was aus dem Nachruf von Lautmann auch hervorgeht. Erstens war eine Behörde (oder sogar bundesweit mehrere Behörden – die Recherchen laufen noch) beteiligt und zweitens wurde bereits 1997 in der Zeitschrift »Emma« Kentler als »Schreibtischtäter« bezüglich des sexuellen Missbrauchs bezeichnet (Enders 1997, S. 48), was Kentler nach Lautmann (2008, S. 26) als

---

Humanistischen Union. Seine Studie »Die Lust am Kind« (Lautmann 1994) traf auf großes Interesse in der sexualwissenschaftlichen und sexualpädagogischen Fachwelt. Die Humanistische Union e. V. ist eine deutsche Bürgerrechtsvereinigung.

5 Elisabeth Tuider hat eine Professur für Soziologie der Diversität an der Universität Kassel. Sie ist Mitautorin des Handbuchs »Sexualpädagogik der Vielfalt« (Tuider, Müller, Timmermanns, Bruns-Bachmann & Koppermann 2012).

»unberechtigte Schmähung« ertragen hat. In den Nachrufen der Pro Familia, der Gesellschaft für Sexualpädagogik und der TAZ wird dieser wohlbekannte Vorwurf nicht erwähnt. Wenn Kentler als Befürworter und Förderer generationsübergreifender »einvernehmlicher« Sexualhandlungen mit dem Begriff »Leuchtturm« unwidersprochen geehrt wird, wirft das die Frage auf, wie weit bereits die Zustimmung zu pädosexuellen Aktivitäten in unserer Gesellschaft verbreitet ist und aus welchen Motiven.

Teresa Nentwig (2020) befasst sich in ihrem Gutachten auch mit der akademischen Laufbahn Kentlers und führt gute Gründe an, aus denen man Kentler nur unter großen Vorbehalten einen »(Sexual-) *Wissenschaftler*« nennen kann. Auch an der Promotionstauglichkeit seiner an der Leibniz Universität Hannover angenommenen Dissertation – es war das kurze Zeit später veröffentlichte Ratgeber-Buch »Eltern lernen Sexualerziehung« (Kentler 1975) – muss gezweifelt werden.

Vorgeblich wissenschaftlich abgesicherte Forderungen und Aussagen sind u. a.: »Lernen durch Tun! – [...] Sexualität kann nur erzogen werden, wenn etwas Sexuelles passiert« (Kentler 1975, S. 28), und »Kinder, die sich nicht selbst befriedigen, sind entweder körperlich krank, oder sie sind schwer gehemmt durch psychische Fehlentwicklungen« (ebd. S. 59). Man erfährt nicht, wo diese und ähnliche apodiktischen Thesen zur kindlichen Sexualität bzw. zur notwendigen proaktiven Förderung durch Erwachsene hergeleitet sind. Selbst zu Statistiken (ebd. S. 126 f.) werden keine Quellen angegeben.

Teresa Nentwig ging diesem Kritikpunkt im Auftrag der Universität Hannover nach und stellt fest:

> »Sie [die Dissertation, K. E.] stellt praktisch ein Gemeinschaftswerk dar, weil sie in sehr enger Zusammenarbeit mit Elterngruppen entstanden ist. Unkonventionell wirkt Kentlers Dissertation aber auch, weil im Hauptteil Nachweise – bis auf wenige Ausnahmen – völlig fehlen; die weiterführenden Literaturangaben, die von Zeit zu Zeit aufgeführt werden, sind – entsprechend der beabsichtigten Leserschaft – an interessierte Eltern gerichtet; ein Quellen- und Literaturverzeichnis existiert nicht« (Nentwig 2020, S. 19).

2.2 Fehleinschätzungen in der Sexualpädagogik

Somit ist zu bezweifeln, ob Kentler »ungezählten Menschen« ein »wissenschaftlich abgesichertes Bild der Geschlechtlichkeit« (Lautmann 2008, S. 26) vermittelt hat bzw. vermitteln wollte, oder ob er nicht eher ein eigenes, zweifellos von vielen Menschen damals begrüßtes Wunschdenken bezüglich einer von Konventionen und Repressionen befreiten Sexualität, insbesondere der kindlichen, der Öffentlichkeit nahebringen wollte.

Im Nachruf staunt Lautmann (2008, S. 26), dass Kentlers Veröffentlichungen »(m.W.) keine Kritik hervorriefen«. Das ist nicht richtig: Es gab eine heftige (veröffentlichte) Auseinandersetzung zwischen Helmut Kentler und Rudi Maskus[6] (u. a. Maskus 1979, S. 11 ff.). Widersprechen möchte ich auch der Einschätzung Lautmanns, Kentler, habe nie »dem Zeitgeist oder gar voyeuristischen Gelüsten« nachgegeben (Lautmann 2008, S. 26). Dem widerspricht der von Kentler eingeleitete Bildband für Kinder und Erwachsene »Zeig mal« (McBride & Fleischhauer-Hardt 1976) mit den großformatigen Aufnahmen unbekleideter, zum Teil sexuell stimulierter Kinder im Körperkontakt zu Erwachsenen. Es ist unwahrscheinlich, dass Lautmann dieses Buch bei der Abfassung des Nachrufs nicht gekannt hat. Somit erweckt sein Text bei Leserinnen und Lesern den Eindruck, dass er den Betrachterinnen und Betrachtern der Bilder andere als voyeuristische Gelüste zugesteht.

Die Sexualpädagogik kämpft nach wie vor um ihre Etablierung als Wissenschaft. Es ist zu wünschen, dass Helmut Kentler nicht zum Vorbild für die weitere Entwicklung der Sexualpädagogik in Theorie und Praxis genommen wird.

---

6 Rudi Maskus (1920–2010) war Professor für Schulpädagogik an der Universität Bonn.

2.2.2 Sexuelle Bildung – ein Beitrag zur Missbrauchsprävention?

2.2.2.1 Sexuelle Bildung – mehr als ein neuer Begriff

Die nicht enden wollende Aufdeckung von sexuellem Missbrauch innerhalb der katholischen Kirche bzw. deren Vertuschung führten dazu, dass eine Arbeitsgruppe beauftragt wurde, ein Positionspapier zur Prävention zu entwickeln. Das Ergebnis wurde von der Bundeskonferenz der diözesanen Präventionsbeauftragten (2021) vorgelegt mit dem Titel »Positionspapier zur Gestaltung der Schnittstelle von Prävention sexualisierter Gewalt und sexueller Bildung«.

Das Papier geht vorbehaltlos davon aus, dass »sexuelle Bildung« ein effektives Konzept ist, Kinder vor übergriffigem Verhalten zu schützen. Aber warum wird dann nicht von Missbrauch (wie im Strafgesetz), sondern – außer in Zitaten – fast ausschließlich von sexualisierter Gewalt gesprochen? Natürlich kann man behaupten, bei Kindern sei jeder sexuelle Übergriff, auch wenn keine Gewalt im üblichen Sinne angewendet wird, eine Form von Gewalt. Die »Unabhängige Beauftragte für Fragen des sexuellen Kindesmissbrauchs« (UBSKM) der Bundesregierung fasst das Problem der Begriffswahl zusammen:

> »Außerdem wird bei den Begriffen ›sexuelle Gewalt‹ oder ›sexualisierter Gewalt‹ im Gegensatz zum Begriff ›Missbrauch‹ weniger deutlich, dass es sich auch dann um sexuelle Gewalt handeln kann, wenn dabei keine körperliche Gewalt zum Einsatz kommt« (UBSKM 2023).

Der 2010 einberufene Runde Tisch »Sexueller Kndesmissbrauch« der Bundesregierung (2010/11), auf dessen Bericht sich das Positionspapier der katholischen Kirche mehrfach bezieht, verwendet – wie es der Titel vermuten lässt – vorwiegend den Begriff Missbrauch. Interessanterweise werden von Dreßing et al. (2018) im Projektbericht über sexuelle Übergriffe auf Kinder und Jugendliche innerhalb der katholischen Kirche konsequent beide Begriffe differenzierend benutzt.

2.2 Fehleinschätzungen in der Sexualpädagogik

Wenn im Positionspapier tatsächlich alle sexuellen, also auch alle im üblichen Sinn »gewaltfreien« übergriffigen Handlungen gemeint sein sollen, um die es sich innerhalb der katholischen Kirche laut Projektbericht vorwiegend handelt[7], liegt eine folgenschwere Fehleinschätzung vor durch die Idee, Prävention durch »sexuelle Bildung« leisten zu können. Sie gewöhnt Kinder an einen sexualisierten Umgang der Generationen miteinander mit der Tendenz, einvernehmliche sexuelle Handlungen zwischen Erwachsenen und Kindern als Ausdruck ihres Rechts auf selbstbestimmte Sexualität zu legitimieren. Eine solche Legitimation mag in extrem seltenen Einzelfällen (!) gerechtfertigt sein, würde aber – verallgemeinert – einen willkommenen Dammbruch für die Erwachsenen bedeuten, die unabhängig von ihrer hetero-, homo-, bisexuellen oder pädophilen Orientierung Lust auf intime Kontakte mit ganz jungen Menschen haben.[8]

»Sexuelle Bildung« ist nicht nur eine Neu- oder Umbenennung dessen, was man seit langem – außerhalb der katholischen Kirche – als affirmativ sexualfreundliche Sexualaufklärung und -erziehung kannte und jetzt lediglich um den Aspekt des lebenslangen Lernens und den Bildungsbegriff bezüglich Sexualität bereichert werden soll. Wäre lediglich eine solche wünschenswerte Erweiterung von Sexualaufklärung und -erziehung von den Sexualpädagogen Karlheinz Valtl und Uwe Sielert gemeint gewesen, hätten sie den Begriff »Sexualbildung« auswählen können – in Analogie zu Gesundheitsbildung und Umweltbildung. Er wäre als Ergänzung zu den Begriffen Sexualaufklärung, -kunde, -erziehung, -therapie, -wissenschaft, -pädagogik u. a. m. eingeführt worden.

---

7 »Der institutionelle sexuelle Missbrauch Minderjähriger stellte sich folglich als ein überwiegend durch Hands-on-Handlungen geprägtes Tatgeschehen dar, welches typischerweise ohne die Anwendung körperlicher Gewalt begangen wurde« (Dreßing et al. 2018, S. 169).
8 Die unbedingt erforderliche Differenzierung zwischen Pädophilie einerseits und pädosexuellem Verhalten (Pädosex) andererseits (siehe Wikipedia: Pädophilie) wird hier nicht diskutiert.

2 Fehleinschätzungen in der Sexualpädagogik

Unterstützt wird der Begriff bzw. das Konzept der »sexuellen Bildung« u. a. von Pro Familia und der Bundeszentrale für gesundheitliche Aufklärung (BZgA). Er hat inzwischen Eingang gefunden in einige Curricula, Richtlinien und Lehrpläne sowie in eine der beiden deutschsprachigen Ausgaben der »Standards für die Sexualaufklärung in Europa« (BZgA 2011a und b).[9] Der bislang in der Sexualaufklärung vernachlässigte Aspekt »Akzeptanz sexueller Vielfalt« hätte problemlos unter dem Begriff Sexualbildung akzentuiert werden können.

Die Unterstützung der katholischen Kirche für eine sexualfreundliche Sexualaufklärung und -erziehung im Kindes- und Jugendalter und für eine lebenslange, christliche Grundwerte respektierende Sexualbildung mit Verzicht auf Diskriminierungen und Ausgrenzungen ist überfällig. Sie fände sicherlich breite Zustimmung als Beitrag zur Missbrauchsprävention. Vieles, was in den zahlreichen Veröffentlichungen zur »sexuellen Bildung« geschrieben und eingefordert wurde und wird, würde auch zu einer auf Sexualität bezogenen Sexualbildung innerhalb einer christlichen Kirche passen. Der ausschlaggebende Unterschied ist aber den Veröffentlichungen abzulesen, in denen es um die konkrete methodische Umsetzung von »sexueller Bildung« in Elternhaus, Kita und Schule geht.

Das Besondere der »sexuellen Bildung« ist »Lernen durch Tun!« im Sinne der »emanzipatorischen Sexualerziehung« nach Helmut Kentler (1975, S. 28), der als »väterlicher Freund« Uwe Sielerts bezeichnet wird (Herrath 2009, S. 1).

---

9 Die »Standards für die Sexualaufklärung in Europa« (BZgA 2011) wurden mit Beteiligung von neun europäischen Staaten in englischer Sprache verfasst und in viele Sprachen übersetzt, u. a. auch in Deutsch. Die Originalfassung/-übersetzung erwähnt weder die »sexuelle Bildung« noch deren Urheberschaft (BZgA 2011a). Eine zweite deutsche Ausgabe – mit der gleichen ISBN bzw. Bestellnummer bei der BZgA – erwähnt und zitiert »sexuelle Bildung« und deren Vertretung durch U. Sielert und K. Valtl in Fußnoten und im Literaturverzeichnis (2011b).

2.2.2.2 Kann »Lernen durch sexuelles Tun« Missbrauchsprävention sein?

»Der Ausdruck [Bildung, K. E.] wird sowohl für den Bildungsvorgang (...) wie auch für den Bildungszustand [...] einer Person verwendet« (Wikipedia: Bildung). Da ein Bildungszustand nicht »sexuell« sein kann, sondern nur auf Sexualität bezogen, ist bei der »sexuellen Bildung« der Vorgang, also der Bildungsprozess gemeint. Mit Kentler sollen in der »sexuellen Bildung« Kinder von Geburt an als »Sexualwesen« wahrgenommen werden (Sielert 2015a, S. 97 ff.), deren Sexualität vergleichbar mit der Sprachfähigkeit durch Erwachsene gefördert werden muss (Kentler 1975, S. 13 ff.).[10] »Lernen durch Tun!« fordert, dass Aufklärung und Erziehung mit sexuellen Handlungen und Erfahrungen verknüpft sein müssen; denn – so die Meinung Kentlers (ebd. S. 28) – »die Sexualität kann nur erzogen werden, wenn etwas Sexuelles passiert«. Das ist die spezifische Regel, die der »sexuellen Bildung« zugrunde liegt, und zwar vom Säuglingsalter an. Sie ist eine zentrale Botschaft des »Paradigmenwechsels« (Valtl 2008; Sielert 2011) in der Sexualpädagogik. Dabei sollen Erziehende, also Erwachsene – pädagogisch legitimiert – proaktiv mitwirken: eine meines Erachtens für Kinder gefährliche Botschaft. Sie schafft Freiräume für Pädophile und für diejenigen, die – ohne pädophil zu sein – Interesse und Spaß an Sex von und mit Kindern haben, und zwar sowohl bei der Erziehung in Elternhaus, Kita und Schule als auch im Umgang mit derart »programmierten« Kindern und Jugendlichen in kirchlichen und außerkirchlichen Freizeitangeboten.

Wie sieht die »Programmierung« konkret aus?

Konkret heißt das: Säuglinge sollen »von den Eltern lustvoll gestreichelt werden« (Sielert 2005, S. 102) bzw. intim »zärtliche Berührung« erfahren (BZgA o.J., S. 27). Die dabei provozierten ange-

---

10 Kindersexualität nennt Gunter Schmidt (2012, S. 60) einen »*dunklen Kontinent*«, von dem nur »*Konturen*« erkennbar sind.

nehmen Erfahrungen sind angeblich Voraussetzung dafür, dass das Kind lustvolle Selbststimulation lernt. »Wenn sie gar nicht wissen, was Lust ist, werden auch sexuelle Spielereien fehlen. Das ist – ganz im Gegensatz zu einer weit verbreiteten Meinung – ein eher schlechtes Zeichen« (Sielert 2015a, S. 99). Belege für diese apodiktische Behauptung gibt es nicht. Und warum es nicht kindgerechter ist, wenn Kinder spontan auf die angenehmen Gefühle beim Berühren der Geschlechtsorgane kommen – ohne Mitwirkung von Erwachsenen –, wird nicht diskutiert.

In der weiteren Entwicklung sollen Kinder von Erwachsenen ermuntert werden zu »Doktorspielen«, für die vereinzelt in Kitas sogar eigene Räumlichkeiten (»Körpererkundungsräume«) geplant werden (s. Presseberichte 2023/2024). Diese »Doktorspiele« ermöglichten früher einmal Kindern eine »heimliche« Selbstaufklärung über den Intimbereich und die körperlichen Unterschiede von Jungen und Mädchen, haben diese Funktion aber bei aufgeklärten Kindern verloren. Jetzt sollen sie in der »sexuellen Bildung« pädagogisch betreut und »geregelt« als Kuschelspiele praktiziert werden. Würde es wirklich um das Rollenspiel zwischen Arzt und Patient gehen, wäre der »Doktor« ein Haus- oder Ohren- oder Augenarzt, der nur untersucht, nicht aber eine Gynäkologin oder ein Urologe, der auch stimulierend manipuliert. Für Rollenspiele zwischen Doktor und Patient, so wie sie ein Kind in der Realität erlebt, braucht man keine Kuschelecken, und für Kuschelerlebnisse ohne Manipulation der Geschlechts- und Ausscheidungsorgane brauchen Kinder sich nicht zu verstecken und sie müssen sich dazu auch nicht komplett entkleiden. Diese »Doktorspiele« liefern Kinder nicht nur den Blicken pädophiler und pädosexuell interessierter Mitarbeiter und Mitarbeiterinnen der Kita aus, sondern verleiten schon Kinder zu Übergriffen untereinander, insbesondere wenn einige von ihnen bereits pornografische Darstellungen im Kopf haben. Was Kinder in solchen Situationen prägend lernen, entzieht sich der pädagogischen Beeinflussung. Im Rahmen eines Präventionskonzeptes sollte der Vorschlag, in der Kita nacktes miteinander Spielen grundsätzlich nicht zuzulassen, ernsthaft erwogen werden.

2.2 Fehleinschätzungen in der Sexualpädagogik

Einen über ein Rollenspiel hinausgehenden Zweck von Kuschelspielen kann man der Aussage Sielerts ablesen (2001, S. 23): Er fordert von sexualpädagogisch Tätigen ausdrücklich das Öffnen von »Erlaubnisräumen, damit Kinder und Jugendliche gleichgeschlechtliches ebenso wie heterosexuelles Begehren ausdrücken und leben können«. Unklar bleibt, ob hier – wie bei den »Doktorspielen« – konkrete Räumlichkeiten gemeint sind, und wie das »Begehren« vor der Pubertät zu verstehen ist. Hier wird auch deutlich, dass es nicht nur um das politische und pädagogische Ziel »Förderung von Akzeptanz sexueller Vielfalt«, sondern um die Förderung der sexuellen Vielfalt selbst geht. Diese über die Akzeptanz hinausgehende Förderung ist zahlreichen Methoden der »sexuellen Bildung« abzulesen (siehe u.a. Tuider et al. 2012).

Vom Kleinkindalter an sollen Erwachsene Situationen »schaffen«, die »sexuelle Bildung«, also Lernen durch Tun ermöglichen. Nach dem Grundsatz »Sexualerziehung unter Einbeziehung des Körpers, der Sprache und aller Sinne ist die beste Förderung von Lebenskompetenz« (BZgA 1997, S. 1) gibt es dann zum Beispiel eine angeleitete Übung zur »*Sinnesschulung – Riechen*« in der Kita, bei der Kinder auf dem Boden krabbeln und am nackten Popo anderer Kinder schnuppern sollen (Kleinschmidt, Martin & Seibel 1994, S. 84).

»Kinder brauchen Erwachsene, die mit ihnen über Sexualität sprechen und ihr Interesse an sexuellen Fragen aufgreifen«, sagt die Unabhängige Beauftragte für Fragen des sexuellen Kindesmissbrauchs (UBSKM 2023). Sexuelle Bildung greift aber nicht das Interesse auf, sondern weckt das Interesse an den Geschlechtsorganen, die angeblich vor allem dazu da sind, »damit wir uns lieben und aneinander freuen können« (Kentler 1975, S. 104), unter anderem durch Bilder von sich selbst oder sich gegenseitig genital stimulierenden Kindern. Sie sollen zusammen mit Erwachsenen angeschaut werden (z. B. aus »Lisa und Jan« von Herrath & Sielert 1991).

Für die Jahrgangsstufe 4 wird zum Beispiel vorgeschlagen, die männlichen und weiblichen äußeren und inneren Geschlechtsorgane in Kleingruppen aus Knete zu modellieren und die Modelle dann in der Großgruppe zu vergleichen (Martin & Nitschke 2017, S. 54f.). Für

2 Fehleinschätzungen in der Sexualpädagogik

die Kita wird zur Körperaufklärung ein Rätselspiel mit Fotos oder real entblößten Körperteilen empfohlen: »Der Po (oder der Bauch oder der Pimmel) gehört zu ...« (Kleinschmidt et al. 1994, S. 90). Dass intime Fotos im Kontext mit Missbrauch für Kinder riskant sind, dürfte den Befürwortern »sexueller Bildung« bekannt sein.

Auf großen Umrisszeichnungen von einem unbekleideten Kind der Gruppe oder von Erwachsenen (z. B. Kleinschmidt et al. 1994, S. 78; Wanzeck-Sielert 2004, S. 77) sollen Kinder alle Körperteile einschließlich Geschlechtsorgane bunt ausmalen und benennen und sollen auch die Stellen benennen, »an denen sie nicht oder weniger gern angefasst werden und wo das Anfassen Spaß macht« (Kleinschmidt et al. 1994, S. 79). Das daraus hergeleitete »Nein«-Sagen zu unangenehmen Berührungen durch andere dient zweifellos der Missbrauchsprävention, vermittelt im Umkehrschluss aber auch die Botschaft, dass Kinder zu angenehmen Berührungen durch andere – gleich welchen Alters? – »Ja« sagen können.

In den »Standards für die Sexualaufklärung in Europa« (BZgA 2011, S. 46) wird vorgeschlagen, bei Grundschulkindern zwischen 6 und 9 Jahren »Verständnis für akzeptablen Sex zu entwickeln«. Zu Ende gedacht heißt das, Kindern den Unterschied zwischen akzeptablem und inakzeptablem Sex zu erklären. Dabei stehen beim akzeptablen Sex die Adjektive »consensual« und »freiwillig« an erster Stelle. Wie konkret in der Schule später wertungsfrei über einvernehmliche und freiwillige Sexualpraktiken und Vorlieben informiert werden soll, kann man u. a. den Übungen in dem Buch »Sexualpädagogik der Vielfalt« von Tuider et al. (2012, S. 75 bzw. 126) unter Überschriften wie »Der neue Puff für alle« oder »Galaktischer Sex« ablesen.

Eine weitere Besonderheit der »sexuellen Bildung« besteht in der Botschaft, »lass' alle alles wissen« (vgl. Etschenberg 2019, S. 68 f.) durch Übungen, bei denen Kinder und Jugendliche nicht über Sexualität als Sachthema, sondern in der Gruppe von der eigenen Sexualität reden sollen. So z. B. durch angeleitetes »persönlicheres« Sprechen über Masturbation (Valtl 1998, S. 146) oder das sich Bekennen zu aktuellen oder voraussichtlichen sexuellen Vorlieben unter Einsatz von Eheringen, Vibrator, Taschenmuschi usw. (Tuider et al. 2012, S. 81). Solche persönlich vertraulichen Gespräche sind bekanntlich oft Teil der »Anmache« oder eines »Warming ups« in der Realität oder von Cybergrooming im Internet, an dem Kinder und Jugendliche keinen Anstoß nehmen, wenn sie gewöhnt sind, über ihren Sex mit Fremden zu reden.

2.2.2.3 Fragen

1. Dient es dem Schutz von Mädchen und Jungen vor sexuellem Missbrauch, wenn sie erleben, dass Erwachsene im pädagogischen Umfeld ihr Interesse auf die Geschlechtsorgane lenken und sie gezielt erfahren lassen, wie lustbringend man sich mit ihren Körpern und insbesondere mit den Geschlechtsorganen befassen kann?
2. Dient es der Prävention, wenn Kinder (u. a. in angeleiteten »Doktorspielen«) »Ja« sagen lernen zu angenehmen Gefühlen, die von anderen – eventuell auch von Erwachsenen – hervorgerufen werden?
3. Dient es der Prävention, wenn sie erfahren, welche Vorlieben Erwachsene bei sexuellen Handlungen haben und sie zumindest vordergründig wissen können, worauf sie sich bei sexuellen Handlungen mit Erwachsenen einlassen?
4. Dient es dem Schutz von Mädchen und Jungen, wenn Erzieher und Erzieherinnen, Lehrer und Lehrerinnen im Sinne der »sexuellen Bildung« auf den Umgang mit ihnen anvertrauten Kindern in der weitgehend privat organisierten Ausbildung verinnerlichen: »Sexuelle Bildung hat einen Wert an sich. Das Empfinden differenziert sich, und die Bereitschaft, auch sexuell auf Umweltreize zu reagieren, nimmt zu« (Sielert 2015b, S. 14). Sind Kinder und Jugendliche nicht eher darauf angewiesen, dass an Erziehung beteiligte Erwachsene lernen, auf Umweltreize, zu denen auch – was bei Jungen und Mädchen durchaus der Fall sein kann – erotisch zu deutende Signale von Kindern gehören, nicht sexuell zu reagieren?
5. Dient es der Prävention, wenn Erziehende glauben, dass »Ausdrucksformen von Sexualität […] von der Lust über Sinnlichkeit,

Erotik, Zärtlichkeit, das schwärmerische Begehren bis zur Fürsorglichkeit und Geborgenheit reichen« (u. a. Sielert 1995, S. 82)? Wird hier nicht die Tatsache vernachlässigt, dass es für junge und ältere Menschen bestimmte Situationen gibt, in denen sie auf Fürsorge und Geborgenheit vertrauen und nicht wollen und auch nicht damit rechnen müssen, dass die ihnen gewährte Fürsorge eine Ausdrucksform der Sexualität des Interaktionspartners oder der Interaktionspartnerin ist, die jederzeit (für Kinder kaum erkennbar) in eine andere Ausdrucksform von Sexualität übergehen kann? Von Wanzeck-Sielert wird Sielerts Sichtweise umgedeutet: Sie spricht Bezug nehmend auf ihn von dem »Bedürfnis nach Fürsorge« (Wanzeck-Sielert 2004, S. 38) und meint damit eine Ausdrucksform der Sexualität von Kindern, nicht von der Sexualität ihrer Betreuer und Betreuerinnen. Das Bedürfnis nach Fürsorge bei einem Kind als Ausdruck seiner Sexualität zu deuten, kann aber nur als Meinungsäußerung verstanden werden, nicht als Tatsachenbehauptung – dazu fehlt die wissenschaftliche Basis.
6. Dient es der Prävention, wenn sich mit Kindern befasste »sexuell gebildete« Erwachsene durch die eine oder andere Sichtweise von »Fürsorge« legitimiert fühlen können, ihr sexuelles Interesse (zuerst) in Fürsorglichkeit auszudrücken? Wurde und wird das nicht vielerorts missbräuchlich praktiziert?
7. Dient »sexuelle Bildung« der Prävention, wenn es gar keine Belege für deren diesbezügliche Wirksamkeit gibt? Besonderes Interesse gilt dem im Positionspapier zitierten Artikel »Sexuelle Bildung und Gewaltprävention« von Anja Hennigsen (2016). In dem von ihr mit herausgegebenem Buch »Sexualpädagogik kontrovers« (Henningsen, Tuider & Timmermann 2016) nimmt sie ausdrücklich Bezug auf Kritiken, die der »sexuellen Bildung« vorwerfen, dem sexuellen Missbrauch Vorschub zu leisten (Hennigsen 2016, S. 120). Dabei meidet sie den Begriff »Missbrauch«, der in den Kritiken benutzt wird, zugunsten des Begriffs »sexualisierte Gewalt«. Ohne konkret auf Details einzugehen oder Belege zu präsentieren, sagt sie: »Lustfreundliche Sexualpädagogik leistet einen wichtigen Beitrag zur Prävention sexualisierter Gewalt« (ebd., S. 136). Das

2.2 Fehleinschätzungen in der Sexualpädagogik

überrascht: denn sie vertritt diese Meinung, »auch wenn es für explizit sexualpädagogisch orientierte Ansätze bisher noch aussteht ihre gewaltmindernde Wirkung empirisch zu belegen« (ebd., S. 124) und obgleich sie feststellt: »Sexuelle Bildung hat bisher kaum einen empirischen Beweis über ihre Wirksamkeit gegenüber sexualisierter Gewalt geliefert« (ebd., S. 138).

8. War die in letzter Zeit vielerorts geäußerte Besorgnis, »sexuelle Bildung« erleichtere den sexuellen Missbrauch, und die schon früh veröffentliche Kritik an den typischen Übungen (Etschenberg 2000), die in der außerschulischen Jugendarbeit und in Selbsterfahrungsgruppen angebracht sein können, den Autoren des Positionspapiers bekannt? Mit welchen Sachargumenten konnte es gegebenenfalls dennoch zu der Einschätzung kommen, das Konzept der »sexuellen Bildung« sei ein empfehlenswerter Beitrag zur Präventionsarbeit in der Kirche?

Alle, denen in der Vergangenheit (gewaltfreie) sexuelle Übergriffe auf Kinder und Jugendliche vorgeworfen wurden, und alle, für die Kinder als »Sexualwesen« attraktiv sind, können hoffen, dass sie eine gewisse moralische Entlastung erfahren, wenn Mädchen und Jungen durch »sexuelle Bildung« vom Säuglingsalter an ein für alle Beteiligten lustbringendes einvernehmliches sexualisiertes Miteinander von Erwachsenen und Kindern gewöhnt sind und dies nicht mehr als Missbrauch gilt, solange keine Gewalt im üblichen Sinne im Spiel ist, und wenn umfassend aufgeklärte Kinder wissen, worauf sie sich dabei einlassen (Etschenberg 2020).

»Sobald auch Kleinkinder diese Sexualität mit Erwachsenen bejahen, verschaffe dies beiden Lebensenergie und Lebensfreude«, wird Sielert (Wikipedia: Uwe Sielert) als Meinung zugeordnet[11]. Erneute politische Bemühungen, nicht nur für die Sexualpädagogik, sondern auch für den gesamtgesellschaftlichen Umgang mit Pädophilie und gewaltfreien Pädosex (sexueller Missbrauch) einen Paradigmen-

---

11 Diese U. Sielert zugeordnete Äußerung ist bei Wikipedia nicht durch eine Quelle belegt [K. E.].

wechsel im Sinne »sexueller Bildung« zuzulassen, können erwartet werden (vgl. Wikipedia: Pädophilie-Debatte) und dann vielleicht auch auf die Unterstützung der katholischen Kirche hoffen.

2.2.3 Von der Vielzahl der Geschlechter

Geschlecht ist ein vieldeutiges Wort. Abgesehen davon, dass man bei einer adeligen Familie gern von einem Geschlecht zum Beispiel vom Geschlecht der Hohenzollern spricht, gehen wir ständig damit um, denn in Deutschland ist jedem Hauptwort (Substantiv) ein grammatisches Geschlecht (Genus) zugeordnet. Es gibt drei grammatische Geschlechter, erkennbar an dem jeweils zugehörigen Artikel »der, die oder das« bzw. »ein oder eine«: männlich ist z. B. der/ein Tisch, weiblich die/eine Schublade und sächlich das/ein Messer. Konsequenzen hat der Genus nur für den weiteren Satzbau – Artikel, Pronomen (z. B. er, sie, es) und Adjektive müssen »kongruent« sein, d. h. sie müssen das gleiche Geschlecht erkennen lassen wie das Substantiv.

Aktuell ist das Wort »Geschlecht« in einer völlig anderen Bedeutung in »aller Munde«. Die bei Menschen traditionelle »binäre« Einteilung in Frauen (die/eine Frau) und Männer (der/ein Mann), die von den meisten Menschen als »naturgegeben« oder sogar »gottgewollt« (siehe Schöpfungsgeschichte im Alten Testament) angesehen und akzeptiert wird, wird radikal in Frage gestellt.

2.2.3.1 Vielfalt von Gender

Es wird bei Facebook behauptet, es gäbe bis zu (derzeit) 60 Geschlechter oder sogar noch mehr (FAZ-net). Dazu gehören u. a. weiblich, männlich, Zwitter, intergender, XY-Frau, Transvestit, gender variabel, Transgender, Hermaphrodit. Dabei handelt es sich um ein buntes Gemisch verschiedener Sichtweisen: Während Begriffe wie XY-Frau oder Zwitter ein biologisches Merkmal akzentuieren, legen Begriffe wie Transgender oder Transvestit den Schwerpunkt eher auf das psycho-soziale Geschlecht. Aus dem Englischen kommend wird das psycho-soziale Geschlecht in der deutschen Sprache neuerdings durch den Begriff Gender gegen das biologische Geschlecht (im Englischen »sex«) abgegrenzt. Das ist sachlich gerechtfertigt, da das biologische »körperliche« Geschlecht nicht unbedingt mit dem psycho-sozialen Geschlecht übereinstimmt.

Es wird offenkundig, wie problematisch es ist, dass im Deutschen (immer noch) meist ohne Differenzierung mit dem Begriff Geschlecht operiert wird oder – auch wieder ohne Differenzierung – mit dem englischen Begriff Gender, der u. a. bei Google als Übersetzung für das deutsche Wort Geschlecht angeboten wird, obgleich er in der deutschen Sprache nur einen Teilaspekt, nämlich den psycho-sozialen erfasst.

Zweifelsfrei ist festzustellen, dass es eine Vielzahl von Geschlechtern gibt, wenn man damit das psycho-soziale Geschlecht bzw. das geschlechtliche Rollenverhalten und das als geschlechtliche Identität empfundene Geschlecht, also Gender meint. Vom ersten Lebenstag an wird ein Kind, das in der Regel bei der Geburt aufgrund vordergründiger anatomischer Merkmale als Junge oder Mädchen eingestuft wird, von beiläufigen oder gezielten Erziehungsmaßnahmen, Erwartungen und realen oder medial vermittelten Vorbildern beeinflusst. Es wird in Richtung »Mann« oder »Frau« im Sinne seines gesellschaftlichen Umfeldes sozialisiert. Der Song »Wann ist ein Mann ein Mann?« von Herbert Grönemeyer gibt einen Überblick über die mehrheitlich in unserer Gesellschaft wirksamen Vorstellungen von Männern (und Frauen).

Niemand kann heute mehr leugnen, dass Simone de Beauvoir Recht hat mit der Aussage »Man wird nicht als Frau geboren, man wird es.« Der analoge Satz über das Mann-Werden kann ergänzt werden.

2.2.3.2 Vielfältiges biologisches Geschlecht?

Anders verhält es sich bei der Aussage »Biologisch gibt es viele Geschlechter« (Voß 2023). Oder: »Geschlecht ist gesellschaftlich gemacht.«»Dass das auch für das biologische sex Geschlecht gilt«, behauptet Voß[12] in seiner Dissertation (Voß 2010/Buchbeschreibung). Hier liegt eine (vermeidbare) Fehleinschätzung vor, die derzeit sowohl in der Politik als auch in der Sexualpädagogik Irritationen, Konflikte und Probleme verursacht, da der ursprüngliche, fundamentale Zusammenhang zwischen biologischem Geschlecht und dem Fortbestand von pflanzlichen und tierischen Arten einschließlich der menschlichen Art vernebelt wird.

Lange Zeit kam die Natur ohne Geschlechter aus – Lebewesen gaben Leben ungeschlechtlich weiter: Sie pflanzten sich durch Spaltung oder Knospung fort. Die Abkömmlinge waren im Prinzip genetisch mit dem Elternorganismus identisch. Nur Mutationen führten zu Varianten. Diese Art der Fortpflanzung gibt es immer noch. Aber: auch wenn die »einelterliche« Fortpflanzung im Prinzip die einfachste und quantitativ ergiebigste Form der Fortpflanzung und Vermehrung ist, entwickelte sich vor mehr als 600 Millionen Jahren die geschlechtliche Vermehrung zum »Erfolgsmodell« der Evolution, weil sie – im Vergleich zu Mutationen – kurzfristig Variabilität in der Nachkommenschaft garantiert. Sie ist Voraussetzung dafür, dass einzelne Lebewesen bzw. Populationen an unterschiedliche und sich verändernde Umweltbedingungen angepasst sind und überleben können. Genetisch identische Lebewesen/Nachkommen (Klone) sind dem gegenüber im ungünstigsten Fall u. a. durch Klimawandel, Nahrungsmangel, Parasiten, »Fressfeinde« oder Krankheiten allesamt vom Aussterben bedroht. Beim Menschen sind Klone in Form von eineiigen Mehrlingen die extrem seltene Ausnahme.

---

12 Heinz-Jürgen Voß (geb. 1979), Diplombiologe und promovierter Sozialwissenschaftler (Dr. phil.), Professur »Sexualwissenschaft und Sexuelle Bildung« an der Hochschule Merseburg.

2.2 Fehleinschätzungen in der Sexualpädagogik

Was heißt »Austausch«/Rekombination von genetischem Material? – Exkurs in die Biologie

Wenn ein Lebewesen seine genetischen Informationen in Chromosomenpaaren speichert, wie es bei allen Säugetieren, also auch beim Menschen der Fall ist, stammen die Paarlinge mit ihren Genen von zwei artgleichen Exemplaren der Elterngeneration. Zu jedem Merkmal (z. B. Körpergröße oder Haarfarbe oder Krebsrisiko) liegen jeweils zwei leicht voneinander abweichende genetische Informationen beieinander. Der Mensch hat 23 solcher Chromosomenpaare, nur bei einem sind die Paarlinge unterschiedlich: es gibt das Chromosomenpaar XX und das Paar XY. Das Y-Chromosom ist wesentlich kleiner und trägt weniger Gene bzw. Erbinformationen als das X-Chromosom. Es kommt in der Regel in allen Körperzellen eines männlichen Menschen vor.

Nur in den Keimdrüsen (Eierstöcke und Hoden) werden (bei der Reifeteilung/Meiose) auf eine spezielle Art Zellen, die jeweils nur einen Paarling enthalten, produziert. Es sind die »männlichen« und »weiblichen« Keimzellen (Gameten: Spermazellen und Eizellen). »Weibliche« Keimzellen tragen immer den Paarling X, »männliche« Keimzellen entweder den Paarling X oder den Paarling Y. Bei der Befruchtung kommen dann zufällig zweimal X (typisch für weibliche Körper) oder ein X und ein Y (typisch für männliche Körper) zusammen. Im Übrigen liegen im Abkömmling bei den anderen 22 Cromosomen wieder zu jedem Merkmal zwei leicht voneinander abweichende Informationen vor. So werden von Generation zu Generation Erbinformationen ausgetauscht, kombiniert und variiert, was beim Menschen zu einer ungeheuren geno- und phänotypischen Vielfalt geführt hat, aber immer auf der Basis von einer »weiblichen« und einer »männlichen« Keimzelle.

Es ist utopisch anzunehmen, dass ein menschliches Lebewesen ohne spektakuläre gentechnische Manipulationen aus mehr als zwei solcher Keimzellen oder aus nur einer entstehen bzw. überleben kann. Deshalb gibt es aus biologischer Sicht zwangsläufig und unumgänglich zwei biologische Geschlechter (Sex) als Produzenten je einer der beiden Typen von Keimzellen. Menschliche Träger oder Trägerinnen von befruchtungs- und entwicklungsfähigen Keimzellen beider Typen gibt es nicht. Im Tierreich gibt es einige Arten, die beide Typen von Keimzellen produzieren. Diese reifen aber oft zu unterschiedlichen Zeiten, sodass man eigentlich von einem Geschlechtswechsel sprechen kann. Im Übrigen gilt: Ausnahmen bestätigen die Regel!

Bei den meisten Pflanzen und Tieren haben sich im Laufe der Evolution zu den zwei unterschiedlichen Keimzellen auf die Fortpflanzung spezialisierte Organe bzw. Körper entwickelt, die einerseits die Übertragung der Spermazellen (bei Pflanzen sind es Pollen) in die Nähe der Eizelle und andererseits das Heranwachsen der befruchteten Eizelle – bei Säugetieren im »mütterlichen« Körper – zu einem lebensfähigen Jungtier bzw. Kind (bei Pflanzen Frucht) ermöglichen. Zeitgleich entwickelten sich auch Mechanismen und »angeborene« zielführende Verhaltensweisen, die das Zusammentreffen der weiblichen und männlichen Keimzellen sicherten.

Das alles konnte auf sehr unterschiedliche Weise realisiert werden. Schaut man sich an, wie variationsreich und aufwendig im Pflanzen- und Tierreich (siehe Bennemann 2010) die Mechanismen und Verhaltensweisen sind, die die geschlechtliche »zweielterliche« Fortpflanzung von der Bestäubung oder Besamung bis zur Frucht bzw. zum Jungtier gewährleisten, erscheinen die diesbezüglichen Vorkehrungen der Natur beim Menschen relativ simpel: Es gibt Exemplare mit Eierstöcken, Eileitern, Gebärmutter und Scheide und nahezu gleich viele mit Hoden, Samenleitern und nach außen verlängerter Harn-Samenröhre, umhüllt von einem beim Bedarf stabilisierenden Penis, der die Samenzellen durch die Scheide nahe an die Eizellen heranbringen kann. Weitere Bedingungen, die bei fast allen Tieren Voraussetzung für den »Geschlechtsakt« sind, wie u. a. Jahreszeit, Witterung oder Hormonspiegel oder bestimmte Laich- oder Brutplätze, spielen beim gesunden Menschen keine Rolle. Ab der Pubertät steht in der Regel etwa einmal im Monat eine Eizelle bereit und Spermazellen sind jederzeit abrufbar.

2.2 Fehleinschätzungen in der Sexualpädagogik

Nach der Befruchtung folgt die weitere Entwicklung des biologischen Geschlechts einer Strategie, die dem Zusammensetzen eines Puzzles ähnelt: Chromosomal, genetisch, hormonell, physiologisch, anatomisch, umweltbedingt und selbstmanipulativ werden auf jeder Ebene vor- und nachgeburtlich Weichen gestellt, die eine vergleichbar große Vielfalt und Individualität entstehen lassen wie beim psychosozialen Geschlecht.

Als eindrucksvolle Beispiele für eine genetische Grundlage seien nur genannt:

1. Das Klinefelter-Syndrom, bei dem augenscheinlich männliche Menschen neben dem Y- ein zweites X-Chromosom in ihren Körperzellen aufweisen.
2. Das Androgenresistenzsyndrom, bei dem sich vorgeburtlich ein XY-Körper trotz vorhandener Hoden zu einem augenscheinlich weiblichen Kind entwickelt, weil dem Körper die Rezeptoren für Testosteron fehlen.
3. Beim XX-Mann-Syndrom entwickeln sich vorgeburtlich beim Kind männliche Strukturen, obgleich die Chromosomen ein XX-Paar aufweisen. Ursache ist eine Verlagerung des für die Ausbildung der Hoden aus indifferenten Keimdrüsen ab der 6. Embryonalwoche verantwortlichen Genabschnitts, der in der Regel auf dem Y-Chromosom liegt, auf ein X-Chromosom, so dass das von Hoden freigesetzte Testosteron vorgeburtlich wirksam werden kann (vgl. Buselmaier & Tariverdian 2007).

Die körperlichen Auswirkungen solcher und anderer Varianten machen sich meist erst ab der Pubertät bemerkbar und werden augenfällig, wenn u. a. die Menstruation oder der Samenerguss ausbleibt und andere »typisch« männliche oder weibliche körperliche Merkmale fehlen oder sich zum Teil »gegengeschlechtlich« entwickeln (u. a. Stimme, Proportionen im Körperbau, Körperbehaarung, Hormonspiegel). Diese Vielfalt hängt von einigen zum Teil noch nicht identifizierten Genen ab. So ist noch überhaupt nicht aufgeschlüsselt, wie es von der befruchteten Eizelle zu vielgestalteten Organen kommt. Es ist sachlich nicht zu begründen, jeder dieser körperlichen Varianten, die sich um die weiblichen oder männlichen Keimzellen ausbilden können, ein eigenes »biologisches Geschlecht« zuzuordnen. Streiten kann man darüber, welches körperliche Merkmal bzw. welche Merkmalskombination über die Möglichkeit der Keimzellproduktion hinaus dazu berechtigt, einen Menschen als biologisches Mädchen, als biologische Frau oder als biologischen Jungen oder Mann einzustufen. Eine solche auch für Laien nachvollziehbare transparente Vereinbarung zwischen Fachleuten (vor allem Biologen, Medizinern, Psychologen, Sexualwissenschaftlern) wäre sachlich angemessen. Hilfreich ist jedenfalls die inzwischen gesetzlich geregelte Möglichkeit, ggf. durch das Adjektiv »divers« oder durch Verzicht auf jede geschlechtsbezogene Bezeichnung vorläufig oder lebenslang auf eine Zuordnung zu verzichten. Diese Entscheidung können Eltern bei der Geburt eines Kindes mit uneindeutigem Geschlecht treffen, aber auch betroffene Erwachsene können diese Möglichkeit später nutzen. Dass die traditionelle Zuordnung auf der Basis augenscheinlich »weiblich« oder »männlich« entwickelter äußerer Geschlechtsorgane und deren vorschneller operativer Anpassung betroffenen Menschen nicht gerecht wird, ist inzwischen unbestritten.

Gestritten wird mancherorts darüber, ob es gerechtfertigt ist, »intersexuelle« Menschen – egal in welcher graduellen Ausprägung – als einem »dritten Geschlecht« zugehörig anzusehen. Auf der Ebene der Keimzellen ist das eine Unmöglichkeit. So heißt es offiziell zu Recht in Deutschland, dass Menschen die »dritte Option divers« bei einer Frage nach dem Geschlecht wählen können, das Wort »drittes Geschlecht« wird vermieden. Auch zu transsexuellen Menschen passt der Begriff »drittes Geschlecht« nicht, da sie ja ausdrücklich den Wunsch haben, zum jeweils anderen der beiden Geschlechter zu gehören.

Aufschlussreich ist, dass Heinz-Jürgen Voß in einem Vortrag »Nur zwei Geschlechter?« am 11. Juli 2022 zu seiner ersten rhetorischen

2.2 Fehleinschätzungen in der Sexualpädagogik

Frage »Geschlecht ist doch zur Fortpflanzung da. Ei- und Samenzelle müssen zueinander kommen?« keine direkte Antwort gibt, sondern zuerst mehrere spezifisch menschliche Begleit-Funktionen von Sexualität, die eng mit der instinktreduzierten, von Emotionen begleiteten Verpaarung zusammenhängen, auflistet und wortreich im Einzelnen erklärt: »Sexualität ist vielschichtig. Intimität, Kommunikation, Lustempfinden, Zärtlichkeit, Geborgenheit, Fortpflanzung, Befriedigung. Fortpflanzung ist eine der Funktionen.« Zur Untermauerung seiner Sichtweise zitiert er (ohne Quelle) den Evolutionsbiologen Diethard Tautz mit dem Satz: »Das Ziel der Evolution ist Variabilität, also Nicht-Binäre-Zustände« (Voß 2022, Video 21:40. Minute). Davon abgesehen, dass Evolution kein Ziel verfolgt, »weil Evolution nicht vorausschauend agieren kann« (Tautz 2023, S. 17), wird hier der Eindruck erweckt, als habe die Evolution etwas gegen Zweigeschlechtlichkeit.

Liest man bei Tautz (2023) eine thematisch zugehörige Veröffentlichung, ergibt sich ein ganz anderer Eindruck. Er preist die Zweigeschlechtlichkeit, indem er sagt: »Die Natur hat das prima eingerichtet!« (Tautz 2023, S. 16). Dann betont er aber, dass nicht die Zweigeschlechtlichkeit das eigentlich Bedeutsame der evolutionären Entwicklung ist, sondern die Gewährleistung der damit erreichten Variabilität in der Nachkommenschaft: »Die Rolle von zwei Geschlechtern ist also die Generierung von Diversität, nicht von Binarität!« Das heißt, es hätte auch andere Lösungen als die zweielterliche »sexuelle« Fortpflanzung geben können für die Variabilität in der Nachkommenschaft. Es hat sie aber nicht gegeben und sind auch nicht in Aussicht. Voß' Einschätzung, es gäbe – im Einklang mit der Evolution – mehr als zwei biologische Geschlechter erweist sich damit als Fehleinschätzung.

2.2.3.4 Konsequenzen

Es liegt nahe, aus der Behauptung nicht nur das psycho-soziale Geschlecht (Gender), sondern auch das biologische Geschlecht (Sex) sei »gesellschaftlich gemacht« herzuleiten, dass auch das biologische

Geschlecht frei gestaltbar sei. Das ist es in bestimmten Grenzen im Prinzip wirklich, aber nur mit einem enormen operativen und medikamentösen Aufwand realisierbar. Die chromosomale und genetische Grundlage ist (bisher) nicht veränderbar, so dass durch Manipulationen nur »inter- oder transgeschlechtliche« Persönlichkeiten entstehen können.

Eine Zuspitzung der Einschätzung, das biologische Geschlecht sei gesellschaftlich gemacht und machbar, ist in dem derzeit in Abstimmung befindlichen »*Gesetz über die Selbstbestimmung in Bezug auf den Geschlechtseintrag (SBGG)*« (BMFSFJ 2023) zu sehen, das es Menschen ab 14 Jahren ermöglichen soll, durch eine einfache einmal pro Jahr abänderbare Erklärung im Standesamt ihre Geschlechtszugehörigkeit zu wechseln. Einzige Bedingung: Drei Monate vor der Änderung muss diese beantragt worden sein. Eine körperliche Anpassung an das Wunschgeschlecht soll nicht mehr zur Bedingung gemacht werden.

Abgesehen von dem ungeheuren bürokratischen Aufwand, den dieses Gesetz nach sich ziehen würde, befürchten Frauen zu Recht, dass es Männern zunehmend gelingen kann, durch einfache Änderung ihres Geschlechtseintrags und ihrer Vornamen, als »Quoten-Frauen« Zugang zu besseren beruflichen Positionen und grundsätzlich auch zu »Schutzräumen« für Frauen (zu denen auch Toiletten und Saunen gehören) zu bekommen. Unvermeidbar sind Konflikte bei Sportarten, bei denen aus gutem Grund biologisch männliche und weibliche Personen getrennt antreten und bewertet werden. Solche Konfliktfälle sind bereits bekannt und auch die Versuche, diese durch Regelungen zu vermeiden (Deutscher Bundestag 2021, 2022).

Sexualpädagogisch haben sich aus der hier geschilderten (Fehl-)Einschätzung bezüglich der Geschlechtlichkeit Lernangebote entwickelt, die Kindern ihr biologisches angeborenes Geschlecht als veränderbar vor Augen führen. Was, wie, durch wen und mit welchen Effekten das konkret in den Kitas vermittelt wird, wird meines Wissens nicht beforscht. Unabhängig davon ist zu reflektieren, wie mit

Kindern umzugehen ist, bei denen (unbeeinflusst) eine Geschlechtsdysphorie[13] beobachtet wird. Verwundert liest man in den aktuell von den Vertretern und Vertreterinnen moderner »sexueller Bildung« favorisierten »Standards für die Sexualaufklärung in Europa« (BZgA 2011, S. 29): »4 bis 6 Jahre« – »Kinder wissen, dass sie Jungen oder Mädchen sind und immer bleiben werden.« Im Kapitel Matrix heißt es auf S. 42 zum Stichwort Emotionen für die Gruppe der 0–4-Jährigen: »positive Haltung zum eigenen biologischen und sozialen Geschlechts (es ist gut, ein Junge oder ein Mädchen zu sein)«. Wie passt das zu den Thesen von Voß?

Man fragt sich u. a. nach dem Ziel und der pädagogischen Rechtfertigung für Projekte in Deutschland, Österreich und in der Schweiz, bei denen Drag Queens[14] Kinderevents mit Spielen, Körperkontakten und Lesungen durchführen. Kinder im Vorschulalter erfahren, dass Männer – Drag Queens sind in der Regel Männer, deren »Männlichkeit« den Kindern gegenüber nur behauptet, nicht aber unter Beweis gestellt wird – als besonders attraktive Frauen in schrillen Outfits auftreten. Vordergründig mag das wie ein amüsantes Theaterspiel wirken, in Wirklichkeit ist es ein ernst zu nehmendes Lernangebot zum Stichwort »sexuelle Vielfalt«: »Eine Drag Queen gilt oft als das schillernde Aushängeschild der LGBTQIA+-Community[15] [...] So setzen sie sich lautstark für LGBTQIA+-Rechte ein« und »Drag Artists sind das Sprachrohr der LGBTQIA Community« (Wellinger 2023, S. 1). Was so eine Erfahrung wirklich mit den Kindern macht und in den Elternhäusern auslöst, wird nicht reflektiert, auch nicht wissen-

---

13 Geschlechtsdysphorie: Unbehagen, z.T. mit zunehmendem Leidensdruck verbunden, wegen des Gefühls, nicht dem Geschlecht anzugehören, das bei der Geburt zugewiesen wurde.
14 Drag Queen: Eine Drag Queen ist eine männliche Person, die – meist unter einem Künstlernamen – durch Aufmachung und Verhalten eine auffallend attraktive Frau darstellt.
15 *LGBTQIA+*: L für lesbisch; G für gay; B für bisexuell; T für trans*; Q für queer; I für intersexuell; A für asexuell; + für u. a. m.

schaftlich hinreichend begleitet. Die Vermutung ist nicht von der Hand zu weisen, dass es vorrangig darum geht, die Zugehörigkeit zu Gruppen, die bisher bei Kindern und Jugendlichen wenig bekannt und gesellschaftlich benachteiligt waren, Kindern als attraktive, frei wählbare problemlose Alternative zur heteronormativen Tradition nahezubringen.

Die politisch und pädagogisch unabdingbare Forderung, die Akzeptanz für jedwede Gruppe zu fördern, ließe sich auch mit anderen Methoden erfüllen.

2.3 Literatur

Baader, M., Oppermann, C., Schröder, J. & Schröer, W. (2020): Ergebnisbericht – Helmut Kentlers Wirken in der Berliner Kinder- und Jugendhilfe. Universitätsverlag Hildesheim. Online verfügbar unter: https://www.uni-hildesheim.de/neuigkeiten/ergebnisbericht-des-forschungsprojekts-helmut-kentlers-wirken-in-der-berliner-kinder-und-jugendhilfe, Zugriff am 17.09.2023.

Baader, M., Böttcher, N., Ehlke, C., Oppermann, C., Schröder, J. & Schröer, W. (2024): Helmut Kentlers Wirken in der Berliner Kinder- und Jugendhilfe – Aufarbeitung der organisationalen Verfahren und Verantwortung des Berliner Landesjugendamtes. Online verfügbar unter http://hilpub.uni-hildesheim.de/entities/publication/bf1500ba-b8ea-4757-8cb2-10f14fc85098/details, Zugriff am 20.02.2024.

Bennemann, M. (2010): Die Evolution im Liebesrausch – das bizarre Paarungsverhalten der Tiere. Frankfurt a.M.: Eichborn.

Bundeskonferenz der diözesanen Präventionsbeauftragten (2021): Positionspapier zur Gestaltung der Schnittstelle von Prävention sexualisierter Gewalt und sexueller Bildung. Online verfügbar unter: https://www.dbk.de/fileadmin/redaktion/microsites/Sexualisierte_Gewalt_und_Praevention/Praevention/2021-04-06_Positionspapier-Schnittstelle-Praevention-sex-Gewalt-und-Bildung_final.pdf, Zugriff am 15.10.2023.

BMFSFJ/Bundesministerium für Familie, Senioren, Frauen und Jugend (Hrsg.) (2023): Gesetz über die Selbstbestimmung in Bezug auf den Geschlechtseintrag (SBGG). Online verfügbar unter: https://www.bmfsfj.de/bmfsfj/service/geset

ze/gesetz-ueber-die-selbstbestimmung-in-bezug-auf-den-geschlechtsein trag-sbgg--224546, Zugriff am 10.01.2024.

Buselmaier, W. & Tariverdian, G. (2007): Humangenetik. Heidelberg: Springer.

BZgA/Bundeszentrale für gesundheitliche Aufklärung (Hrsg.) (2011a): Standards für die Sexualaufklärung in Europa. Köln: BZgA. Online verfügbar unter: http://www.bzga-whocc.de/publikationen/standards-fuer-sexualaufklae rung, Zugriff am 07.11.2023.

BZgA/Bundeszentrale für gesundheitliche Aufklärung (Hrsg.) (2011b): Standards für die Sexualaufklärung in Europa. Köln: BZgA. Online verfügbar unter: http://www.sexuelle-gesundheit.ch, Zugriff am 07.11.2023.

BZgA/Bundeszentrale für gesundheitliche Aufklärung (Hrsg.) (1997): Forum Sexualaufklärung 1/2. Köln. Online verfügbar unter: http://shop.bzga.de/pdf/13323000.pdf, Zugriff am 16.10.2023.

BZgA/Bundeszentrale für gesundheitliche Aufklärung (Hrsg.) (o.J.): Körper, Liebe, Doktorspiele. Autorin: Philipps, I.-M. Köln: BZgA. Online verfügbar unter: http://integrative-medizin-innerschweiz.ch/webseite/wp-content/uploads/2018/01/KindlicheSexualitaet-1.-3.LJ_.pdf, Zugriff am 16.10.2023.

Deutscher Bundestag (2021): Umgang mit trans- und intergeschlechtlichen Menschen im Sport. Wissenschaftliche Dienste WD 10-3000-029/21.

Deutscher Bundestag (2022): Zur Leistungsfähigkeit von Transsportlern nach Hormontherapie. Wissenschaftliche Dienste WD 10-3000-027/22.

Dreßing, H., Salize, H. J., Dölling, D., Herman, D., Kruse, A., Schmitt, E. & Bannenberg, B. (2018): Sexueller Missbrauch an Minderjährigen durch katholische Priester, Diakone und männliche Ordensangehörige im Bereich der Deutschen Bischofskonferenz. Projektbericht. Mannheim: Zentralinstitut für Seelische Gesundheit. Online verfügbar unter: https://www.dbk.de/filead min/redaktion/diverse_downloads/dossiers_2018/MHG-Studie-gesamt.pdf, Zugriff am 16.10.2023.

Enders, U. (1997): Die Schreibtischtäter. EMMA März/April 1997, 48. Online verfügbar unter: http://www.emma.de/lesesaal/45354, Zugriff am 16.10.2023.

Etschenberg, K. (2019): Sexualerziehung – Kritisch hinterfragt. Berlin: Springer.

Etschenberg, K. (2000): Erziehung zu Lust und Liebe. Pädagogisches Forum Juni 2000 (S. 169-172). Online verfügbar unter: http://www.k-etschenberg.de/Sexualerziehung, Zugriff am 16.10.2023.

Etschenberg, K. (2020): Helmut Kentlers Erbe. Online verfügbar unter: http://www.etschenberg.org/sexualerziehung/kentlers erbe, Zugriff am 30.04.2024.

FAZ-net: Geschlechter bei Facebook: Die Liste reicht von androgyn bis Zwitter (04.09.2014). Online verfügbar unter: https://www.faz.net/aktuell/gesellschaft/geschlechter-liste-alle-verschiedenen-geschlechter-und-gender-arten-bei-facebook-13135140.html, Zugriff am 16.02.2024.

Feddersen, J. (2008): nachruf: helmut kentler ist tot – Für eine erlaubende Sexualmoral. TAZ, Ausgabe 8629, 18.

Gundermann, K.-O., Rüden, H. & Sonntag, H.-G. (1991): Lehrbuch der Hygiene. Stuttgart, New York: Gustav Fischer.

Henningsen, A. (2016): Sexuelle Bildung und Gewaltprävention. Eine systematische Reflexion zur Prävention sexualisierter Gewalt in pädagogischen Kontexten. In: A. Henningsen, E. Tuider & E. Timmermanns (Hrsg.), Sexualpädagogik kontrovers (S. 120–141). Weinheim, Basel: Beltz Juventa.

Henningsen, A., Tuider, E. & Timmermanns, E. (Hrsg.) (2016): Sexualpädagogik kontrovers. Weinheim, Basel: Beltz Juventa.

Herrath, F. (2009): Freundliche Begleitung. Wie man ein Pädagogikfeld bestellt. In: R.-B. Schmidt, E. Tuider & St. Timmermanns (Hrsg.), Vielfalt wagen. Festschrift für Uwe Sielert. Berlin: Logos. Online verfügbar unter: https://www.isp-sexualpaedagogik.org/downloadfiles/Frank%20Herrath%20-%20Beitrag%20Festschrift%20Uwe%20Sielert%202009_1260308349.pdf, Zugriff am 16.02.2023.

Herrath, F. & Sielert, U. (1991): Lisa und Jan. Weinheim: Beltz.

Hirschfeld, M. (1930): Geschlechtskunde, IV. Band: Bilderteil. Stuttgart: Julius Püttmann.

Kentler, H. (1975): Eltern lernen Sexualerziehung. Reinbek: Rowohlt.

Kleinschmidt, L., Martin, B. & Seibel, A. (1994): lieben kuscheln schmusen. Pro Familia NRW. Sexualpädagogische Reihe. Münster: Ökotopia.

Lautmann, R. (1994): Die Lust am Kind. München: Klein.

Lautmann, R. (2008): Nachruf auf Helmut Kentler. Online verfügbar unter: https://www.humanistische-union.de/publikationen/mitteilungen/publikation/nachruf-auf-helmut-kentler/, Zugriff am 17.09.2023.

Martin, B. & Nitschke, J. (2017): Sexuelle Bildung in der Schule. Stuttgart: Kohlhammer.

Maskus, R. (1979): Grundprobleme der Sexual- bzw. Geschlechtserziehung. In: R. Maskus (Hrsg.), 20 Beiträge zur Sexual- bzw. Geschlechtserziehung (S. 11–31). Sankt Augustin: Hans Richarz.

McBride, W. & Fleischhauer-Hardt, H. (1976): Zeig Mal! Einleitung von Helmut Kentler. Wuppertal: Jugenddienst-Verlag.

Meadows, D. H., Meadows, D. L., Randers, J. & Behrens W. W. (1972): Die Grenzen des Wachstums. Stuttgart: Deutsche Verlags-Anstalt.

2.3 Literatur

MEYERS Konversations-Lexikon (1896): Zehnter Band (5. Auflage). Leipzig, Wien: Bibliographisches Institut.

Nentwig, T. (2020): Helmut Kentler und die Universität Hannover – Bericht zum Forschungsprojekt. Online verfügbar unter: http://www.uni-hannover.de/fileadmin/luh/content/webredaktion/universitaet/geschichte/helmut_kentler_und_die_universitaet_hannover.pdf, Zugriff am 31.10.2023.

Schmidt, G. (2012): Kindersexualität: Konturen eines dunklen Kontinents. In: I. Quindeau & M. Brumlik (Hrsg.), Kindliche Sexualität (S. 60–70). Weinheim, Basel: Beltz Juventa.

Seidl, I. & Zahrnt, A. (Hrsg.) (2010): Postwachstumsgesellschaft – Konzepte für die Zukunft. Marburg: Metropolis.

Sielert. U. (1995): Die erotischen Gravitationsverhältnisse im pädagogischen Alltag. Der pädagogische Blick 2, 79–87.

Sielert, U. (2001): Gender Mainstreaming im Kontext einer Sexualpädagogik der Vielfalt. BZgA-Forum, 4, 18–24.

Sielert, U. (2005): Einführung in die Sexualpädagogik. Weinheim, Basel: Beltz.

Sielert, U. (2011): Paradigmenwechsel der Sexualpädagogik im Kontext mit gesellschaftlichen Entwicklungen. Außerschulische Bildung (3), 258–266.

Sielert, U. (2015a): Einführung in die Sexualpädagogik. Weinheim: Beltz.

Sielert, U. (2015b): Vom Repressionsdiskurs zur sexuellen Bildung. Sozialmagazin 40 (1–2), 6–15.

Starck, D. (1965): Embryologie. Ein Lehrbuch auf allgemein biologischer Grundlage. Stuttgart: Thieme.

Tautz, D. (2023): Die Illusion der Binarität. Labor Journal 12, 16–18.

Tuider, E., Müller, M., Timmermanns, S., Bruns-Bachmann, P. & Koppermann, C. (2012): Sexualpädagogik der Vielfalt. Weinheim, Basel: Beltz Juventa.

UBSKM/Unabhängige Beauftragte für Fragen des sexuellen Kindesmissbrauchs. Online verfügbar unter: https://beauftragte-missbrauch.de/, Zugriff am 15.10.2023.

Valtl, K. (1997): Emanzipatorische Sexualpädagogik: Konsequenzen für Aus- und Fortbildung. Online verfügbar unter: http://www.isp-sexualpädagogik.org/downloadfiles/Emanzipatorische_Sexualpädagogik.pdf, Zugriff am 15.09.2023e.

Valtl, K. (2008): Sexuelle Bildung: Neues Paradigma einer Sexualpädagogik für alle Lebensalter. In: R.-B. Schmidt & U. Sielert (Hrsg.), Handbuch Sexualpädagogik und sexuelle Bildung. Weinheim, München: Juventa.

Valtl, K. (1998): Sexualpädagogik in der Schule. Weinheim, Basel: Beltz Juventa.

Voß, H.-J. (2010): Making Sex Revisited – Dekonstruktion des Geschlechts aus biologisch-medizinischer Perspektive. Bielefeld: Transcript.

Voß, H.-J. (2022): Nur zwei Geschlechter? Video-Vortrag am 11.07.2022 (Dauer 1:35 Stunden). Online verfügbar unter: http://heinzjuergenvoss.de/biographische-notizen, Zugriff am 10.01.2024.
Voß, H.-J. (2023): Aktuelle Forschung. Online verfügbar unter: http://heinzjuergenvoss.de/, Zugriff am 17.02.2024.
Wanzeck-Sielert. C. (2004): Kursbuch Sexualerziehung. München: Don Bosco.
Wellinger, R. (2023): Drag-Queen-Einmaleins: Alles, was du über die LGBTQIA+-Ikonen und ihre Community wissen musst. Glamour. Online verfügbar unter: https://www.glamour.de/artikel/drag-queens-fakten-info, Zugriff am 16.02.2024.
Wikipedia-Eintrag zum Stichwort: Bildung. Zugriff am 17.10.2023.
Wikipedia-Eintrag zum Stichwort: Klitoris. Zugriff am 17.09.2023.
Wikipedia-Eintrag zum Stichwort: Pädophilie. Zugriff am 17.11.2023.
Wikipedia-Eintrag zum Stichwort: Pädophilie. Debatte. Zugriff am 07.11.2023.
Wikipedia-Eintrag zum Stichwort: Uwe Sielert. Zugriff am 17.10.2023.

3 Mädchen und junge Frauen mit Autismus-Spektrum-Störung, Genderdysphorie und Sexualpädagogik

Monika Klissenbauer

3.1 Einleitung

Anlass zu diesem Beitrag sind meine langjährigen Erfahrungen aus der Autismus-Selbsthilfe, in der ich seit meiner – mit Mitte dreißig erhaltenen – Autismus-Diagnose aktiv bin. Hierbei machte ich immer wieder die Beobachtung, dass gerade Menschen mit Autismus während der Adoleszenz große Schwierigkeiten bei der Identitätsfindung haben und in dieser Lebensphase leicht beeinflussbar sind.

Autismus gilt medizinisch betrachtet als eine tiefgreifende Entwicklungsstörung, in der vor allem die Beziehungs- und Kommunikationsfähigkeiten betroffen sind und die sich durch ein eingeschränktes, stereotypes, sich wiederholendes Repertoire von Sonderinteressen und Aktivitäten auszeichnet (WHO 2019). Dies betrifft vor allem die soziale Interaktion, weshalb das zwischenmenschliche Erleben in der Begegnung mit autistischen Menschen ungewöhnlich ist und für Außenstehende häufig viele Irritationen mit sich bringt. Aufgrund der anderen Informationsverarbeitung, Wahrnehmung und Kognition können autistische Menschen aber auch erstaunliche und ungewöhnliche Stärken und Fähigkeiten entwickeln, die in Zusammenhang mit ihren Spezialinteressen stehen (Attwood 2019).

3 Mädchen und junge Frauen mit Autismus-Spektrum-Störung

Im Gegensatz zum frühkindlichen Autismus, auch Kanner-Syndrom genannt, der in der Regel mit einer verminderten Intelligenz einhergeht, äußert sich der Autismus aus dem hoch- oder normalfunktionalen Bereich, wie beim Asperger-Autismus, zunächst oft unscheinbar, sodass diese Formen erst später, meist im Erwachsenenalter diagnostiziert werden. Die betroffenen Menschen aus diesem autistischen Formenkreis werden deshalb oft umstandslos mit der restlichen Gesellschaft verglichen, weil ihre Behinderung gar nicht wahrgenommen wird. Wenn den von diesen »leichten« Autismus-Formen Betroffenen bewusst wird, dass sie behindert sind, wenn sie erleben, dass sie spätestens ab der Pubertät mit Gleichaltrigen in ihrer psychosexuellen und sozialen Entwicklung nicht mithalten können, stellt sich für sie vielfach eine sehr schmerzliche Erfahrung ein. Dazu gehört auch, dass sie oft aus der Peergroup ausgeschlossen werden (Sünkel & Barth 2018).

Im ersten Teil dieses Beitrags wird es darum gehen, dass gerade Menschen mit Autismus in dieser kritischen Lebensphase besonders oft in ihrer geschlechtlichen Identität verunsichert sind und als Bewältigungsstrategie zur Überwindung ihrer sozialen Isolation und ihres Andersseins in der Transgender-Szene nach Lösungen suchen. Der zweite Teil beschäftigt sich mit einigen nicht selten mit Autismus einhergehenden genetische Besonderheiten in der Geschlechtsentwicklung und den damit verbundenen Herausforderungen. Im dritten Teil wird auf die Aufgaben der Schule und hier besonders der Sexualbildung im Kontext Autismus, Geschlechtsdysphorie und Varianten der Geschlechtsentwicklung eingegangen.

3.2 Das Problem der geschlechtstypischen Rollenverständnisse

Die Kindheit wird von autistischen Menschen meist noch als relativ einfach erlebt, weil sie noch so angenommen werden, wie sie sind, und Freundschaften meist noch von den Eltern arrangiert werden. Dies ändert sich ab der Pubertät meist schlagartig. Die Pubertät ist eine Phase großer Veränderungen im Leben eines jeden Menschen und für autistische Menschen sind diese oft schwer auszuhalten und zu akzeptieren (Schreiter 2021).

Mädchen und junge Frauen mit Autismus haben häufig kein Interesse an den typischen »Frauen-Themen«, die sie manchmal zu oberflächlich finden (Baron-Cohen 2004). Es fällt ihnen schwer, den Regeln der Mode ihrer gleichaltrigen Kameradinnen zu folgen, beispielsweise in Hinblick auf Kleidung und Musik. Ihr Interesse am anderen Geschlecht fällt geringer aus (Preißmann 2013a). Ihr Erscheinungsbild entspricht nicht unbedingt den typischen Rollenerwartungen und dem gängigen Verständnis dessen, was für weiblich oder männlich gehalten wird. Viele autistische Frauen wirken in ihrem Auftreten und oft auch in ihrem Denken eher männlich (Preißmann 2013a).

Auch in ihren (Spezial-)Interessen entsprechen sie oft nicht den Rollenklischees: Sie begeistern sich mehr für die Fachrichtungen Mathematik, Informatik, Naturwissenschaften und Technik (MINT-Fächer) und interessieren sich nicht für Make-up und Frisuren oder dafür, wie »aufgehübscht« sie für die Gesellschaft sind. Viele Autistinnen beschreiben ihre Identität als wandlungsfähig wie die Farben eines Chamäleons, sie können in verschiedene Rollen und Kulturen eintauchen. Dabei fühlen sich viele aber auch wie »Aliens«, da sie nur eine Kopie des Originals bleiben und das Bewusstsein des Andersseins fortbesteht und unüberwindbar bleibt. Dabei können autistische Mädchen und Frauen auch in ihrer geschlechtlichen Identität verunsichert sein und sich nicht als »richtige« Frau fühlen oder präsentieren. Sie werden dadurch oft unter Gleichaltrigen isoliert oder werden von ihnen sogar gemobbt (Simone 2012).

Vor allem in der letzten Dekade ist zu beobachten, dass auch in Deutschland eine erstarkte Transgender-Szene entstanden ist. Von Transgender oder Transsexualität wird gesprochen, wenn eine Inkongruenz zwischen dem Geburtsgeschlecht und der gefühlten Geschlechtsidentität besteht. Die Anzahl von Jugendlichen, die in Praxen und Krankenhäusern wegen einer solchen Inkongruenz vorstellig werden, ist in der gesamten westlichen Welt in den letzten Jahren kontinuierlich angestiegen. Zusätzlich ist eine Umkehrung der Sex-Ratio zu verzeichnen. Im Vergleich zu früher sind heute Mädchen deutlich häufiger betroffen als Jungen (Korte & Gille 2023, S. 114 f.). Neben Transgendernetzwerken sind mittlerweile in vielen Städten queere schwul-lesbische Jugendzentren entstanden, die Angebote speziell im Transbereich bereitstellen. Sie werden von Fachkräften der Sozialen Arbeit und der Pädagogik begleitet und unterstützt.

Die Weltgesundheitsorganisation (WHO 2024) hat in der neuen Fassung des Diagnosekatalogs ICD-11 Transsexualismus von der Liste der psychischen Erkrankungen gestrichen, stattdessen wird zwischen Geschlechtsinkongruenz im Kindesalter und im Jugend- und Erwachsenenalter unterschieden. Dadurch soll der Wunsch, sein Geschlecht zu verändern, entpathologisiert werden.

Über die Folgen wird gegenwärtig von unterschiedlichen Professionen, unter anderem von Medizinern und Medizinerinnen, diskutiert. Aus der Sorge heraus, dass junge Menschen aufgrund starker medialer Einflüsse, durch die vielen neu entstandenen Trans-Netzwerke und Peergroups unnötigerweise beeinflusst und verunsichert werden. So identifizieren sich in einigen Ländern immer häufiger Jugendliche plötzlich und unerwartet als Transgender. Einige Autorinnen und Autoren sprechen deshalb von einem neuen, bisher noch nicht bekannten Phänomen, das als »rapid-onset gender dysphoria« (ROGD) bezeichnet wird (Littmann 2019; Zucker 2019).

3.3 Autismus und Geschlechtsdysphorie – eine nicht seltene Kombination

Für das Auftreten einer Geschlechtsdysphorie werden auch weitere mögliche Ursachen diskutiert und häufige Komorbiditäten beschrieben wie Traumata (beispielsweise durch sexuellen Missbrauch oder Mobbing), Depressionen, bipolare und Angststörungen (de Freitas, Léda-Rêgo, Bezerra-Filho & Miranda-Scippa 2019; Specht, Gesing, Pfaeffle, Koerner & Kiess 2020), nicht diagnostizierte andere Störungen oder Varianten der Geschlechtsentwicklung (Differences of Sex Development – DSD) (Katzer 2016), eine unterdrückte gleichgeschlechtliche Orientierung oder sehr häufig Autismus. Gut gesichert ist: Bei Menschen, bei denen eine Geschlechtsdysphorie diagnostiziert wird, besteht eine wesentlich höhere Wahrscheinlichkeit, dass auch eine Autismus-Spektrum-Störung (ASS) vorliegt (Glidden, Bouman, Jones & Arcelus 2016; Nordahl-Hansen, Cicchetti & Øien 2019; Kaltiala-Heino, Sumia, Työläjärvi & Lindberg 2015; Thrower, Bretherton, Pang, Zajac & Cheung 2020; van der Miesen, Cohen-Kettenis & de Vries 2018; Kallitsounaki & Williams 2023). In einer systematischen Review wiesen 4,7 bis 13,3 % der untersuchten Kinder und Jugendlichen mit einer primär diagnostizierten Geschlechtsdysphorie oder Gendervarianz gleichzeitig auch eine Autismus-Diagnose auf (Herrmann et al. 2020, S. 303 f.); 48 % der Kinder und Jugendlichen, die im inzwischen geschlossenen Gender Identity and Development Service (GIDS) der Tavistock Klinik in London behandelt wurden, zeigten milde bis schwere Symptome einer Autismus-Spektrum-Störung (Churcher Clarke & Spiliadis 2019, S. 340). Diese Fakten stehen im Widerspruch zu Bestrebungen, Genderdysphorie und Transgenderwünsche gänzlich aus dem Krankheitsspektrum herauszulösen.

Bei vielen Betroffenen äußert sich der Autismus zunächst kaum sichtbar und wird daher nicht selten erst im Erwachsenenalter diagnostiziert. So kann es bei Mädchen und jungen Frauen sein, dass ihnen die behinderungsspezifischen Gründe dafür, dass sie sich nicht als »richtige« Mädchen und Frauen mit den als typisch weiblich zugeschriebenen Eigenschaften (wie beispielsweise ausgeprägte soziale und kommunikative Kompetenzen) fühlen, gar nicht bewusst sind. Ein Wechsel in das andere Geschlecht könnte dann als Ausweg in ein einfacheres Leben erscheinen. Vor allem die Neigung insbesondere von nichtdiagnostizierten Autistinnen, aber auch von männlichen Betroffenen, sich zeitweilig in andere Welten zu flüchten und so den Wunsch der sozialen Isolierung zu überwinden, könnte dazu beitragen, dass sie sich in eine Trans-Welt mit scheinbar eindeutigen Zuordnungen begeben. Das zu erkennen, setzt ein fachlich geschultes pädagogische Personal voraus, das mit hoher Wahrscheinlichkeit in vielen Institutionen nicht vorhanden ist.

In der aktuellen S3-Leitlinie zur Diagnostik, Beratung und Behandlung von Geschlechtsinkongruenz, Geschlechtsdysphorie und Transgesundheit (die Leitlinie wird zurzeit überarbeitet) wird zwar erwähnt, dass bei Personen mit Geschlechtsinkongruenz oder Geschlechtsdysphorie erhöhte Prävalenzraten für verschiedene Komorbiditäten wie auch beim Autismus vorkommen (Deutsche Gesellschaft für Sexualforschung 2019). Da Autismus-Spektrum-Störungen in aller Regel aber nur von spezialisierten medizinisch-interdisziplinären Einrichtungen richtig erkannt und diagnostiziert werden können, besteht die Gefahr, dass entscheidende autismusspezifische Aspekte übersehen werden, wenn diese Einrichtungen nicht mit in den diagnostischen Prozess der Geschlechtsdysphorie einbezogen werden. Möglicherweise liegt die Geschlechtsdysphorie weniger darin begründet, tatsächlich dem anderen Geschlecht zugehörig sein zu wollen als in den Begleiterscheinungen einer Autismus-Spektrum-Störung. Für die Behandlung der Genderdysphorie bei autistischen Menschen hätte diese Unterscheidung weitreichende Konsequenzen. Besonders für autistische junge Frauen kann eine unzureichende Diagnostik problematisch sein, weil sie vergleichsweise häufig Transitionswünsche äußern (Stagg & Vincent 2019).

Autismus-Spektrum-Störungen treten häufig gemeinsam mit genetischen Risikofaktoren oder Varianten auf wie dem Fragilen-X-

3.3 Autismus und Geschlechtsdysphorie – eine nicht seltene Kombination

Syndrom, dem Prader-Willi-Syndrom oder mit Chromosomenaberrationen, bei denen sichtbare strukturelle oder zahlenmäßige Veränderungen im Chromosomensatz vorliegen (Freitag, Chiocchetti, Haslinger, Yousaf & Waltes 2021). Bei 2 bis 5 % der Menschen mit Autismus-Spektrum-Störungen werden numerische Chromosomenaberrationen einschließlich Geschlechtschromosomen-Aneuploidien gefunden (Rachubinski, Hepburn, Elias, Gardiner & Shaikh 2017; Devlin & Scherer 2012; Liu & Takumi 2014). Genetische Varianten, bei denen die Geschlechtschromosomen in einer anderen Anzahl vorliegen, wie zum Beispiel beim Klinefelter- (47XXY) und beim Turner-Syndrom (45X), haben auch Einfluss auf die Geschlechtsentwicklung und werden deshalb häufig dem Begriff DSD (»Disorders of Sex Development«) beziehungsweise Varianten der Geschlechtsentwicklung (»Differences of Sex Development«) zugeordnet, wobei es sich aufgrund der genetisch völlig verschiedenen Gegebenheiten um eine äußerst heterogene Gruppe handelt. Aktivisten bevorzugen die Begriffe Intergeschlechtlichkeit und Variationen der körperlichen Geschlechtsmerkmale gegenüber dem Begriff DSD, weil sie vermeiden wollen, dass ein aus ihrer Sicht gesunder intergeschlechtlicher Körper als krankhaft dargestellt wird (Bundesministerium für Familie, Senioren, Frauen und Jugend 2024).

In einer multizentrischen klinischen Studie (dsd-LIFE-Studie) mit 1.040 Menschen, die Störungen beziehungsweise Varianten der Geschlechtsentwicklung aufwiesen, konnte gezeigt werden, dass sie gehäuft mit neurologischen Störungen wie Autismus und ADHS einhergehen (de Vries et al. 2019). Gleiches gilt für das Klinefelter-Syndrom, aber auch bei anderen Erkrankungsformen wie dem 46-XY-DSD, verursacht beispielsweise durch Androgen-Biosynthese-Störungen oder durch partielle Androgen-Resistenzen. Deshalb kann bei Vorliegen der Diagnose Autismus-Spektrum-Störung eine humangenetische Untersuchung sinnvoll sein, die Aufschluss über mögliche Varianten der Geschlechtsentwicklung geben kann (Spitczok von Brisinski 2014; Katzer 2016).

Eine andere Geschlechtsidentität könnte somit auch mit einer differentiellen Geschlechtsentwicklung einhergehen, die von dem bei der Geburt beobachtetem Geschlecht abweicht, ohne dass es sich um Transsexualität handelt. In einer aktuellen Metaanalyse, die Ergebnisse aus weltweit vergleichbaren Studien zu Geschlechtsidentitätsstörungen bei Menschen mit DSD zusammenfasst, ergab sich, dass diese in einigen Diagnosegruppen eher selten, aber gerade bei Androgen-Biosynthese-Störungen oder einer partiellen Androgen-Resistenz recht häufig vorkommen. Jeder Mensch mit einer DSD-Diagnose ist einzigartig und eine multidisziplinäre Betreuung und langfristige psychosexuelle Unterstützung sollte hier angeboten werden (Babu & Shah 2021). In den letzten Jahren sind auch in Deutschland Netzwerke wie das Projekt DSDCare zur Bündelung und Vernetzung von gemeinsamen und speziellen Kompetenzen entstanden, um eine adäquate, leitliniengerechte Versorgung für Menschen mit Varianten der Geschlechtsentwicklung zu gewährleisten (DSDCare 2023).

3.4 Herausforderungen für die Sexualerziehung

Mittlerweile liegen viele Hinweise vor, dass Genderdysphorien und Autismus-Spektrum-Störungen relativ häufig gemeinsam auftreten. Genderdysphorien sollten in diesem Fall nicht zu schnell im Sinne eines Transitionswunsches betrachtet werden. Eine intensive psychologische und medizinische Diagnostik ist notwendig. Auch wenn sich viele autistische Frauen und Männer nicht typisch weiblich oder typisch männlich fühlen, ist ihr biologisches Geschlecht zumeist eindeutig. Oft dauert die Adoleszenz bei Menschen mit Autismus länger und sie benötigen in dieser Zeit besonders umfangreiche Unterstützung und vor allem Anregungen, wie sie ihr Leben als Heranwachsende und schließlich erwachsene Frau oder erwachsener Mann gestalten können (Preißmann 2013b), ohne dass zwangsweise an stereotype Männer- und Frauenbilder angeknüpft wird. Die Sexualerziehung bei Jugendlichen sollte gerade darin bestehen, dass solche stereotypen Vorstellungen kritisch hinterfragt, diskutiert und eigenständige Reflektionen angeregt werden. Diese Vorgehensweise benötigt Zeit und Ruhe sowie einschlägig kompetente Fachkräfte der Sozialen Arbeit und der Pädagogik.

Viele Betroffene beschreiben, dass der Druck, sich altersgemäß zu verhalten, mit der Zeit geringer und das eigene Verhalten authentischer wird, was zahlreiche erwachsene Menschen mit Autismus als das größte Glück ihres Lebens beschreiben (Preißmann 2016). Gegen eine Angleichung an das andere Geschlecht im Sinne eines Transsexualismus spricht prinzipiell nichts. Fatal ist es aber, wenn sie sich später nicht als zielführend herausstellt, weil sie die zugrundeliegenden Probleme nicht gelöst hat, die auf eine dysfunktionale Bewältigungsstrategie autismusspezifischer Schwierigkeiten und Identitätskrisen zurückzuführen waren.

In der Schule und Therapie sollte gewährleistet sein, dass autistische Jugendliche einen für sie adäquaten Zugang zu ihren Problemen erhalten. In einem therapeutischen Setting sollte ergebnisoffen erörtert werden, worin der Wunsch nach einem Geschlechtswechsel begründet liegt, auch um auszuschließen, dass eine nicht diagnostizierte Autismus-Spektrum-Störung entscheidend zu diesem Wunsch beiträgt. Dies erfordert den Einbezug von Psychologen und Medizinern, die im Bereich Autismus-Spektrum-Störung diagnostisch tätig sind.

Eine weitere Auffälligkeit des Autismus ist, dass er überdurchschnittlich häufig mit genetischen und chromosomalen Besonderheiten einhergeht, die sich in einer Störung oder in Varianten der Geschlechtsentwicklung manifestieren. Jugendliche sollten in der Schule über Varianten der Geschlechtsentwicklung aufgeklärt werden, über deren Ursachen, Häufigkeit und bio-psycho-soziale Implikationen. Jugendliche mit Autismus, die zusätzliche genetische und chromosomale Besonderheiten aufweisen, benötigen in der Schule fachkundige Erwachsene, denen sie sich bei Bedarf anvertrauen können. Oft bedürfen sie einer langfristigen multidisziplinären Betreuung und Unterstützung in ihrer psychosexuellen Entwicklung. Fehlende Kenntnisse über Autismus und mit ihm häufig einhergehende Besonderheiten bezüglich eines unsicheren Geschlechtsempfindens stellen vor allem für (noch) nicht Autismus-diagnostizierte junge Menschen eine Gefahr dar, sich fälschlich als transgender zu identifizieren. Daher sollten Autismus-Spektrum-Störungen mit den sie häufig begleitenden psychischen Symptomen mehr ins Bewusstsein rücken und in der pädagogischen und therapeutischen Arbeit mit Jugendlichen mit Geschlechtsdysphorie mit einbezogen werden.

3.5 Literatur

Attwood, T. (2019): Ein Leben mit dem Asperger-Syndrom: Von Kindheit bis Erwachsensein – alles was weiterhilft. Stuttgart: TRIAS.

Babu, R. & Shah, U. (2021): Gender identity disorder (GID) in adolescents and adults with differences of sex development (DSD): A systematic review and meta-analysis. Journal of Pediatric Urology, 17 (1), 39–47.

Baron-Cohen, S. (2004): Vom ersten Tag an anders. Das weibliche und das männliche Gehirn. München: Heyne.

Bundesministerium für Familie, Senioren, Frauen und Jugend (2024): Glossar. Regenbogenportal. Online verfügbar unter: http://www.regenbogenportal.de/glossar?tx_dpnglossary_glossary%5Baction%5D=list&tx_dpnglossary_glossary%5Bcontroller%5D=Term&tx_dpnglossary_glossary%5BcurrentCharacter%5D=D&cHash=9ce0b8dd8bae0d3168a3708be0663ceb, Zugriff am 30.04.2024.

Churcher Clarke, A. & Spiliadis, A. (2019): ›Taking the lid off the box‹: The value of extended clinical assessment for adolescents presenting with gender identity difficulties. Clinical Child Psychology and Psychiatry, 24 (2), 338–352.

de Freitas, L. D., Léda-Rêgo, G., Bezerra-Filho, S. & Miranda-Scippa, A. (2019): Psychiatric disorders in individuals diagnosed with gender dysphoria: A systematic review. Psychiatry and Clinical Neurosciences, 74 (2), 99–104.

de Vries A. L. C., Roehle, R., Marshall, L., Frisén, L., Van de Grift, T. C., Kreukels, B. P. C., Bouvattier, C., Köhler, B., Thyen, U., Nordenström, A., Rapp, M. & Cohen-

3.5 Literatur

Kettenis, P. T. (2019): Mental Health of a Large Group of Adults with Disorders of Sex Development in Six European Countries. Psychosomatic Medicine, 81 (7), 629–640.

Deutsche Gesellschaft für Sexualforschung (2019): Geschlechtsinkongruenz, Geschlechtsdysphorie und Trans-Gesundheit: S3-Leitlinie zur Diagnostik, Beratung und Behandlung. AWMF-Register-Nr. 138|001. Online verfügbar unter: http://register.awmf.org/assets/guidelines/138-001l_S3_Geschlechtsdysphorie-Diagnostik-Beratung-Behandlung_2019-02.pdf), Zugriff am 28.02.2024.

Devlin, B. & Scherer, S. W. (2012): Genetic architecture in autism spectrum disorder. Current Opinion in Genetics and Development, 22 (3), 229–237.

DSDCare (2023): Verbesserung der Versorgung für Menschen mit Varianten der Geschlechtsentwicklung (DSD). Online verfügbar unter: http://dsdcare.de/de, Zugriff am 22.02.2024.

Freitag C. M., Chiocchetti, A. G., Haslinger, D., Yousaf, A. & Waltes, R. (2021): Genetische Risikofaktoren und ihre Auswirkungen auf die neurale Entwicklung bei Autismus-Spektrum-Störungen [Genetic risk factors and their influence on neural development in autism spectrum disorders]. Zeitschrift für Kinder- und Jugendpsychiatrie und Psychotherapie, 50 (3), 187–202. German.

Glidden D., Bouman, W. P., Jones, B. A. & Arcelus, J. (2016): Gender Dysphoria and Autism Spectrum Disorder: A Systematic Review of the Literature. Sexual Medicine Reviews, 4 (1), 3–14.

Herrmann, L., Bindt, C., Schweizer, K., Micheel, J., Nieder, T. O., Haaß, J., Schöttle, D. & Becker-Hebly, I. (2020): Autismus-Spektrum-Störungen und Geschlechtsdysphorie bei Kindern und Jugendlichen: Systematisches Review zur gemeinsamen Prävalenz [Autism Spectrum Disorders and Gender Dysphoria Among Children and Adolescents: Systematic Review on the Co-Occurrence]. Psychiatrische Praxis, 47 (6), 300–307.

Kallitsounaki A. & Williams D. M. (2023): Autism Spectrum Disorder and Gender Dysphoria/Incongruence. Asystematic Literature Review and Meta-Analysis. Journal of Autism and Developmental Disorders, 53, S. 3003–3117.

Kaltiala-Heino, R., Sumia, M., Työläjärvi, M. & Lindberg, N (2015): Two years of gender identity service for minors: overrepresentation of natal girls with severe problems in adolescent development. Child and Adolescent Psychiatry and Mental Health, 9 (9), 1–9.

Katzer, M. (2016): Ärztliche Erfahrungen und Empfehlungen hinsichtlich Transsexualismus und Intersexualität. In: M. Katzer & H.-J. Voß (Hrsg.), Geschlechtliche, sexuelle und reproduktive Selbstbestimmung: Praxisorientierte Zugänge (S. 85–116). Gießen: Psychosozial.

Korte, A. & Gille, G. (2023). Wahlverwandtschaften? Trans-Identifizierung und Anorexia nervosa als maladaptive Lösungsversuche für Entwicklungskonflikte in der weiblichen Adoleszenz. Sexuologie. Zeitschrift für Sexualmedizin, Sexualtherapie und Sexualwissenschaft 30, 105–122.

Littman, L. (2019): Correction: Parent reports of adolescents and young adults perceived to show signs of a rapid onset of gender dysphoria. PLOS ONE, 14 (3), 1–7.

Liu, X. & Takumi, T. (2014): Genomic and genetic aspects of autism spectrum disorder. Biochemical and Biophysical Research Communications, 452 (2), 244–253.

Nordahl-Hansen, A., Cicchetti, D. V. & Øien R. A. (2019): A Review Update on Gender Dysphoria and ASD and Response to Corrections. Journal of Autism and Developmental Disorders, 49 (4), 1745–1748.

Preißmann, C. (2013a): Was bedeutet es, eine Frau zu sein? In: C. Preißmann (Hrsg.), Überraschend anders – Mädchen und Frauen mit Asperger (S. 107–108). Stuttgart: TRIAS.

Preißmann, C. (2013b): Wie Betroffene und Mütter die Jugendzeit erlebten. In: C. Preißmann (Hrsg.), Überraschend anders – Mädchen und Frauen mit Asperger (S. 52–75). Stuttgart: TRIAS.

Preißmann, C. (2016): Glück und Zufriedenheit für Menschen mit Autismus. Stuttgart: Kohlhammer.

Rachubinski, A. L., Hepburn, S., Elias, E. R., Gardiner, K. & Shaikh, T. H. (2017): The co-occurrence of Down syndrome and autism spectrum disorder: is it because of additional genetic variations? Prenatal Diagnosis, 37 (1), 31–36.

Schreiter, D. (2021): Schattenspringer2 – Per Anhalter durch die Pubertät, Band 2. Stuttgart: Panini.

Simone, R. (2012): Aspergirls – die Welt der Frauen und Mädchen mit Asperger. Weinheim: Beltz.

Specht, A. A., Gesing, J., Pfaeffle, R., Koerner, A. & Kiess, W. (2020): Symptome, Komorbiditäten und Therapie von Kindern und Jugendlichen mit Geschlechtsdysphorie [Symptoms, Comorbidities and Therapy of Children and Adolescents with Gender Dysphoria]. Klinische Pädiatrie, 232 (1), 5–12.

Spitczok von Brisinski, I. (2014): Kinder- und jugendpsychiatrische Aspekte des Klinefelter-Syndroms. Berufsverband für Kinder- und Jugendpsychiatrie, Psychosomatik und Psychotherapie in Deutschland (BKJPP) e. V., (1), 47–58. Online verfügbar unter: http://www.kinderpsychiater.org/fileadmin/downloads/forum/2014/forum_1_2014.pdf, Zugriff am 28.03.2024.

Stagg, S. D. & Vincent, J. (2019): Autistic traits in individuals self-defining as transgender or nonbinary. European Psychiatry, 61, 17–22.

Sünkel, U. & Barth, G. M. (2018): Mit Autismus durch die Pubertät – 12. Fachtag Autismus im Liebenau Berufsbildungswerk Ravensburg, 27. Januar 2018. Online verfügbar unter: http://www.stiftung-liebenau.de/fileadmin/benutzerdaten/bildung/pdf/04_Mediathek/Autismus/bildung-autismus-suenkel-barth-2018.pdf), Zugriff am 27.02.2024.

Thrower, E., Bretherton, I., Pang, K. C., Zajac, J. D. & Cheung, A. S. (2020): Prevalence of Autism Spectrum Disorder and Attention-Deficit Hyperactivity Disorder Amongst Individuals with Gender Dysphoria: A Systematic Review. Journal of Autism and Developmental Disorders, 50 (3), 695–706.

van der Miesen, A. I. R., Cohen-Kettenis, P. T. & De Vries, A. L. C. (2018): Is There a Link Between Gender Dysphoria and Autism Spectrum Disorder? Journal of the American Academy of Child and Adolescent Psychiatry, 57 (11), 884–885.

WHO – Weltgesundheitsorganisation (2019): International Statistical Classification of Diseases and Related Health Problems 10th Revision (ICD-10)-WHO Version. Online verfügbar unter: http://icd.who.int/browse10/2019/en#/F84.0), Zugriff am 27.02.2024.

WHO – Weltgesundheitsorganisation (2024): ICD-11 for Mortality and Morbidity Statistics 2024-01. Online verfügbar unter: http://icd.who.int/browse/2024-01/mms/en#344733949), Zugriff am 27.02.2024.

Zucker, K. J. (2019): Adolescents with Gender Dysphoria: Reflections on Some Contemporary Clinical and Research Issues. Archives of Sexual Behavior, 48 (7), 1983–1992.

4 Körper als Orte der Freude? Neue Aufträge an die Sexualpädagogik

Simone Danz

4.1 Sexuelle Gesundheit als sexualpädagogischer Auftrag

Sexualpädagogik als ein Teilgebiet der Erziehungs- und Bildungswissenschaften erforscht, wie Menschen in Bezug auf ihre Sexualität sozialisiert werden und wie gezielte Bildungsakte darauf Einfluss nehmen und nehmen sollten (Sielert 2021). Sexualpädagogik als Handlungskonzept kann sich auf Themenbereiche wie Sexualaufklärung, Sexualerziehung oder sexuelle Bildung beziehen. Schwierig ist dabei aber, dass die gegenwärtige Sexualkultur von verschiedenen gesellschaftlichen Einflüssen und Entwicklungstendenzen geprägt ist. Dazu gehören die Vielfalt und Individualisierung geschlechtlicher und sexueller Identitätsentwürfe sowie neue Konzeptionen von Körperlichkeit, die begleitet werden von – häufig medial inszenierten – Anerkennungskämpfen. Es zeigt sich eine Zunahme selbstbestimmter Lebensweisen sowie marktliberale ökonomische Ansätze in der Sexualität (Sielert 2021). Sexdienstleistungen (u.a. BesD e. V. – Berufsverband erotische und sexuelle Dienstleistungen o.J.) und oftmals auch die Dienstleisterinnen selbst (u. a. Mau 2022; Schon 2021) werden als Ware profitorientiert gehandelt und dies ist häufig verbunden mit sexistischen und rassistischen Motiven. Menschen entwickeln lebenslang ihre sexuelle Identität in Auseinandersetzung mit ihrer sozialen Umwelt, vor dem Hintergrund konkreter gesellschaftlicher Rahmenbedingungen und den dazugehörigen Bildern von Sexualität. Dies geschieht inzwischen stark vermehrt auch über medial vermittelte Inhalte. Angewandte Sexualpädagogik sollte all dies berücksichtigen und sich ihrer Verantwortlichkeiten bewusst sein.

Die World Health Organisation (WHO 2006/2010) definiert *Sexuelle Gesundheit* aus gesundheitspsychologischer Perspektive als Wechselwirkung biologischer, psychischer und sozialer Einflussfaktoren. Gemäß dieser Definition ist sexuelle Gesundheit unmittelbar mit der Gesundheit insgesamt, mit Wohlbefinden und Lebensqualität verbunden und umfasst nicht nur das Fehlen von Krankheiten oder Dysfunktionen, sondern auch das Erleben sicherer und genussvoller sexueller Erfahrungen, die frei sind von Diskriminierung, Zwang und Gewalt.[16] Das Ziel der sexuellen Gesundheitsfürsorge ist die Verbesserung des Lebens und der persönlichen Beziehungen im gesamten Lebensverlauf. Es geht also nicht nur um Fragen der reproduktiven Gesundheit oder die Beratung und Betreuung im Zusammenhang mit sexuell übertragbaren Infektionen. Reproduktive Gesundheit bedeutet, dass Menschen in der Lage sind, ein verantwortungsbewusstes, befriedigendes und sicheres Sexualleben zu führen, und dass sie die Freiheit haben zu entscheiden, ob, wann und wie oft sie Kinder bekommen wollen (WHO 2023).

Mädchen und Frauen mit Behinderungen haben gemäß Artikel 23 der UN-Behindertenrechtskonvention (UN-BRK) die gleichen sexuellen und reproduktiven Rechte wie Mädchen und Frauen ohne Behinderungen und demzufolge selbstverständlich auch den gleichen

---

16 According to the current working definition, sexual health is: »[...] a state of physical, emotional, mental and social well-being in relation to sexuality; it is not merely the absence of disease, dysfunction or infirmity. Sexual health requires a positive and respectful approach to sexuality and sexual relationships, as well as the possibility of having pleasurable and safe sexual experiences, free of coercion, discrimination and violence. For sexual health to be attained and maintained, the sexual rights of all persons must be respected, protected and fulfilled« (WHO 2006/2010).

Anspruch auf sexualpädagogische Beratung und Begleitung. Das gilt auch für die Möglichkeiten, Verhütung und Familienplanung in Anspruch zu nehmen (DMIR – Deutsches Institut für Menschenrechte 2022). So heißt es in Artikel 6 der UN-BRK:

> »(1) Die Vertragsstaaten anerkennen, dass Frauen und Mädchen mit Behinderungen mehrfacher Diskriminierung ausgesetzt sind, und ergreifen in dieser Hinsicht Maßnahmen, um zu gewährleisten, dass sie alle Menschenrechte und Grundfreiheiten voll und gleichberechtigt genießen können.«

Dass es hier noch viele Hürden gibt, zeigen die Ergebnisse des zweiten und dritten Staatenberichts der Bundesrepublik Deutschland zur Umsetzung der UN-BRK im Jahr 2019.

Neben vereinzelten Initiativen, die Sexualaufklärung und -beratung vorwiegend von Frauen mit Behinderungen anbieten, fehlt es in Deutschland noch an der umfassenden Verfügbarkeit von barrierefreien Informationsquellen im Bereich der Sexualaufklärung, Verhütung und Familienplanung (BMAS – Bundesministerium für Arbeit und Soziales 2019). Im nationalen Aktionsplan zur Umsetzung der Behindertenrechtskonvention (NAP 2.0) wird der Ausbau der gynäkologischen Versorgung für Frauen mit Beeinträchtigungen als wichtiger Handlungsschwerpunkt benannt (BMAS 2016). Eine Untersuchung der Universität Bielefeld von 2018 bis 2019 bestätigt, dass die gynäkologische Versorgungssituation von Frauen mit Beeinträchtigungen aufgrund eines Mangels an barrierefreien Praxen defizitär ist (Universität Bielefeld 2019**)**.

4.2 Die (Be-)Deutung des Körpers

Der Dreiklang aus biologischen, sozialen und psychischen Einflussfaktoren, der den Kern der obigen WHO-Definition von *Sexueller Gesundheit* darstellt, findet sich ähnlich als *Sex-Gender-Desire* auch seit den 1980er Jahren in feministischen Analysen (u. a. Rich 1991) und

4.2 Die (Be-)Deutung des Körpers

insbesondere in den Arbeiten von Judith Butler (1991). Butler analysiert gesellschaftliche Normierungen von Geschlechtlichkeit und kritisiert die Annahme einer kausalen Verbindung zwischen biologischem Geschlecht (Sex), sozial konstruiertem Geschlecht oder auch sozial konstruierter Geschlechtsidentität (Gender) und den sexuellen Neigungen (Desire), die sich in der heterosexuell ausgerichteten Gesellschaft als vermeintliche Einheit zeigt.

»Wenn sich eine Person als ein gegebenes Geschlecht identifiziert hat, muss sie ein anderes Geschlecht begehren«, und Geschlecht beinhaltet damit »eine parallel, aber entgegengesetzt konstruierte innere Kohärenz von anatomischem Geschlecht, Geschlechtsidentität und Begehren« (Butler 1991, S. 45). Diese heterosexuelle Zwangsordnung wurde zurecht hinterfragt, um eine unausweichliche Koppelung des anatomischen Geschlechts (Sex) an die soziale, mit entsprechenden Bedeutungszuweisungen und Rollenvorstellungen aufgeladene Geschlechtsidentität (Gender) sowie das heterosexuell strukturierte Begehren als gesellschaftlich selbstverständlich und als einzig anerkanntes anzuzweifeln. Abgelehnt wird also die normative Verbindung von Sex, Gender und Desire und damit auch die Festschreibung von geschlechtsgebundenen Verhaltenserwartungen.

Judith Butler gilt als Begründerin der Queer Theory, die als akademische Disziplin traditionelle gesellschaftlichen Kategorien in Frage stellt. Butler definiert »queer« im Sinne von »irgendwie anders« als politischen Protest und als bewusste Störung der etablierten Kategorien.

»Queer was, for me, never an identity, but a way of affiliating with the fight against homophobia. It began as a movement opposed to the policing of identity – opposing the police, in fact« (Gleeson 2021). Butler beschreibt in Bezug auf Körperlichkeit auch, dass alle Körper durch Zeichen markiert werden und »Materie nie ohne ihr Schema auftritt [...] und das Prinzip ihrer Erkennbarkeit [...] von dem, was ihre Materie konstituiert, nicht ablösbar ist« (Butler 2019, S. 59). Demnach erscheint der physische Körper zwar als Materialität und naturgegeben, jedoch kann angezweifelt werden, dass diese Materialität jemals ohne die normativen Ideale und kollektiven Vorstellungen wahrgenommen werden kann. Wenn also in Folge der Butlerschen Setzungen biologisches und soziales Geschlecht als »Sex« und »Gender« auseinanderfallen, dann kann – und das ist der hoffnungsvolle Ansatz der Queer Theory – mit einer bestimmten Körperlichkeit nicht die Zuweisung bestimmter Geschlechterrollen verbunden sein. Die Einschränkung auf bestimmte Verhaltenserwartungen und Rollenzuweisungen (Gender), die sich als Benachteiligung, Unterdrückung und Verfügbarmachung von Frauen auswirken und Männer entsprechend in männlich konnotierte Verhaltens- und Identitätsmuster zwingen, sind demnach gesellschaftlich und nicht anatomisch bedingt.

Inzwischen wird allerdings durch die Fortschreibung postmoderner Denkansätze wie der Queer Theory (u. a. Degele 2008) die Unterscheidung von anatomischem Geschlecht (Sex) und sozial konstruiertem Geschlecht (Gender) negiert und die Annahme postuliert, dass nicht nur das soziale Geschlecht eine kulturelle Konstruktion sei, sondern dass auch das biologische Geschlecht diskursiv hergestellt werde (Butler 2019; Villa 2011). Dann ist die anatomische Gegebenheit des Körpers nicht mehr biologisch zu verstehen, sondern erscheine nur noch als Folge diskursiver Prozesse als vermeintlich natürlich.

Hier toben inzwischen heftige Kämpfe, wie sich am Beispiel von Kathleen Stock, J. K. Rowling oder jüngst in Berlin anhand von Marie-Luise Vollbrecht zeigen lässt. Sie wurden wegen ihrer Überzeugung, Menschen hätten ein unveränderbares anatomisches Geschlecht, massiv angegriffen. Eine gefühlte Geschlechtsidentität kann ihrer Auffassung nach nicht unabhängig von biologischen Gegebenheiten darüber bestimmen, wer (juristisch) eine Frau oder ein Mann ist. Die Philosophin Kathleen Stock wurde aufgrund ihres Buchs »Material Girl« von AktivistInnen so lange als transfeindlich diffamiert und bedroht, bis sie ihre Professur aufgab (Thomas 2021; DER SPIEGEL 2021). J. K. Rowling, die Bestseller-Autorin und Schöpferin der Harry-Potter-Romane, hat Hassbotschaften und Morddrohungen bekommen, weil sie sich unter dem Hashtag »I stand with Maya« mit Maya

4.2 Die (Be-)Deutung des Körpers

Forstater, einer Steuerexpertin, solidarisch zeigte[17], die aufgrund der Aussage arbeitslos wurde, dass Frausein eine Frage der Biologie und nicht der Identitäten oder Gefühle sei (Oehmke 2020). Der Vortrag der Biologin Marie-Luise Vollbrecht bei der »Langen Nacht der Wissenschaften« an der Humboldt-Universität zu Berlin wurde aus Sicherheitsbedenken abgesagt, weil in ihrem Vortrag Beispiele aus der Tierwelt angeführt würden, die die These bekräftigen, dass es biologisch nur zwei Geschlechter gäbe (Montanari 2022). Dies sind nur ein paar wenige prominente Beispiele. Sie zeigen aber, dass zurzeit eine biologische oder anatomische Begründung für Geschlecht quasi »un(aus)sprechbar« und vielleicht auch nicht mehr »denkbar« gemacht werden soll.

Die Tendenz für die Negierung einer anatomischen, an den Körper gebundenen Geschlechtskomponente schleicht sich auch in die aktuelle Gestaltung von Rahmenlehr- und Bildungsplänen der Bundesländer sowie in bundeslandspezifischen Schulgesetzen und in den Richtlinien zur Sexualaufklärung im Bereich von Schule (LSVD – Lesben- und Schwulenverband e.V. o.J.) und in Kindertagesstätten (BMFSFJ – Bundesministerium für Familie, Senioren, Frauen und Jugend o.J.) ein. Die Bundeszentrale für politische Bildung klärt auf: »Die Annahme, dass es lediglich zwei Geschlechter gibt [...] ist Teil eines nicht hinterfragten Alltagswissens« (BPB – Bundeszentrale für Politische Bildung 2017, o. S.). Geschlechtliche Vielfalt wird dabei sehr häufig mit so genannten Transkindern gleichgesetzt. »Trans Dich glücklich« ist auf einem Foto dort zu sehen (BPB 2017, o. S.), und zahlreiche Handlungsanleitungen und Arbeitsblätter geben Anleitungen für den Umgang mit Kindern, deren »gelebte Geschlechts-

---

17 »Kleide dich, wie du magst. Bezeichne dich, wie auch immer du willst. Schlafe einvernehmlich mit welchem Erwachsenen auch immer, der dich will. Lebe dein bestes Leben in Frieden und Sicherheit. Aber Frauen aus ihren Jobs für die Aussage zu drängen, dass das biologische Geschlecht real ist? #IStandWithMaya« siehe https://twitter.com/jk_rowling/status/1207646162813100033?lang=de

identität nicht die ist, die ihnen bei der Geburt zugewiesen wurde« (BPB 2018, o. S.).

Zwar sollen ErzieherInnen[18] und Lehrkräfte damit ermutigt werden, geschlechtliche und sexuelle Vielfalt in der Kindertagesstätte und in den Schulen zu thematisieren, um den Heranwachsenden zu ermöglichen, einen wertschätzenden Umgang mit Vielfalt zu erlernen. Zurecht soll verhindert werden, dass Kinder schon in jungen Jahren auf Ablehnung oder Unverständnis stoßen, »wenn sie sich in ihrer Geschlechtsidentität, ihrem Rollenverhalten, ihrer (sich entwickelnden) sexuellen Orientierung oder ihrer Familienform von der Mehrheit der anderen Kinder unterscheiden« (BMFSFJ o.J., o. S.). Es scheint allerdings so, dass es dabei weniger um eine kritische Reflexion der verinnerlichten sozialen (Geschlechts-)Identitätserwartungen oder um eine Begleitung bei der Erprobung des eigenen Geschlechts geht, wie es bisher als entwicklungspsychologische Anforderung galt. Vielmehr wird in vielen Broschüren und Filmen das Thema »Trans« in den Vordergrund gerückt (BPB 2018; Schinzler 2018; Anders 2021; BMFSFJ o. J.), sogar schon bei Kindern im Alter von null bis sechs Jahren (Paritätischer Gesamtverband 2021) – also entwicklungspsychologisch gesehen, bevor ein eigenes Körperschema und ein Körperbild stabil etabliert sind.

> »Das Körperschema unterliegt einem lebenslangen Prozess der Anpassung an sukzessive Veränderungen des Körpers, z.B. Wachstum, Gewichtsveränderungen, Fehlhaltungen. Entscheidend für Veränderungen des Körperschemas sind sozialer Körperkontakt und aktiv bewegte Interaktion mit der äußeren Umwelt« (Müller & Grunwald 2022, S. 31).

Es braucht eine Art Rückversicherung aus dem sozialen Umfeld.

---

18 In diesem Artikel wird bewusst das große I als geschlechtergerechte Schreibweise genutzt, weil es das einzige Zeichen ist, das die weibliche Endung nicht als Anhängsel anfügt. Bei den Vorlesemaschinen wird es als generisches Femininum gelesen. Zudem steht das große »I« für Inklusion, Intersexualität und Intersektionalität. Die Argumentation, das »I« steht für »Inklusion«, ist meiner Erfahrung nach auch für Menschen mit Lernschwierigkeiten sehr nachvollziehbar.

4.2 Die (Be-)Deutung des Körpers

»Damit diese neuronalen Körperkartierungen unseres eigenen Körpers gelingen kann, bedarf es besonders in den wichtigen Entwicklungsphasen bis zur Pubertät einer körperlichen Vergewisserung, dass unser Körper im sozialen Kontext vollumfänglich geachtet und wertgeschätzt wird« (Müller & Grunwald 2020, S. 89).

Müller und Grunwald schließen daraus, dass unangemessene körperliche Interaktionen und Verunsicherungen aus dem sozialen Umfeld vermutlich auch zu inadäquaten Körperschemarepräsentationen führen können. Beide betonen zwar, dass es nur begrenzte Erkenntnisse über den Prozess der Anpassung des Körperschemas während des Wachstums gebe. Es sei aber bekannt, dass vor allem soziale Interaktionen und aktive Interaktionen mit der Umwelt dazu beitragen, dass sich im reifenden Organismus ein angemessenes Körperschema entwickelt, das den tatsächlichen körperlichen Gegebenheiten entspricht. Ebenso beschreiben sie, dass ausreichende motorische Aktivität vor Beginn der Pubertät für die Entwicklung einer angemessenen neuronalen Körperrepräsentation unerlässlich ist.

Aus Sicht der Queer-Verbände oder auch der Selbstvertretung intergeschlechtlicher Menschen ist eine Aufklärung, die auch die Erfahrungen Betroffener umfasst, sehr wichtig. Dieses Anliegen wird durchaus anerkannt, so dass aktivistische Verbände häufig als MitautorInnen oder Sachverständige einbezogen werden. Genauso wichtig sind aber fachwissenschaftliche Erkenntnisse wie eine entwicklungspsychologische Perspektive, die in die Erstellung der Aufklärungsmaterialien eingeht. Eine psychologische Sicht bezieht sich auf diverse Entwicklungsaufgaben wie die Herausforderungen, Entscheidungen, Aufgaben und Krisen, die Menschen während ihres Lebens bewältigen müssen, um sich persönlich, sozial und emotional weiterzuentwickeln. Dazu gehört auch der Umgang mit Ambivalenzen, Zurückweisung und Frustrationen (Boeger & Lüdmann 2023). Diese Aufgaben können je nach Lebensphase unterschiedlich sein und sind oft eng mit den kulturellen und gesellschaftlichen Erwartungen verbunden (Flammer 2017). Für vertrauenswürdige und ausgewogene Informationen – gerade von gewichtigen Stellen wie der Bundeszentrale für politische Bildung (bpb), dem Paritätischen Gesamtverband oder gar dem Ministerium für Familie, Soziales, Frauen und Jugend (BMFSFJ) – sollte dies eigentlich vorausgesetzt werden können. Eine der wichtigsten Entwicklungsaufgaben beinhaltet nämlich in verschiedenen Phasen des Heranwachsens das Ausprobieren unterschiedlicher Rollen, auch in der Auseinandersetzung mit dem eigenen Geschlecht (Flammer 2017; Boeger & Lüdmann 2023) – und zwar ohne dass das gleich mit körperlichen oder personenstandsrechtlichen Konsequenzen verbunden wird.

Hier zeigt sich also ein paradoxes Phänomen. Auf der einen Seite wird die manifeste anatomische Körperbiologie in Bezug auf Geschlecht angezweifelt und andererseits wird der Körper zum Objekt, das verfügbar und manipulierbar ist. Wenn etwas nicht so ist, wie man es haben will, dann wird es operativ oder medizinisch einfach hergestellt (Rendtorff 2021). Das passt nicht zusammen und bringt große Probleme in verschiedenen Bereichen mit sich, die im Folgenden aus Sicht der Anforderungen an eine moderne Sexualpädagogik betrachtet werden.

Das Akzeptieren der eigenen körperlichen Erscheinung und die Aussöhnung mit den körperlichen Veränderungen kann zu den herausforderndsten Entwicklungsaufgaben gehören (Boeger & Lüdmann 2023). Eine positive Einstellung gegenüber den körperlichen Veränderungen und das Hineinwachsen in den eigenen Körper ist oft von entscheidender Bedeutung, um weitere Entwicklungsaufgaben erfolgreich zu bewältigen. Dazu gehört das Festigen der eigenen Geschlechtsrolle und der Aufbau vertrauensvoller Beziehungen zu Gleichaltrigen. Das Erlernen, den eigenen Körper in guter Weise zu »bewohnen«, kann also entscheidend sein für die psychische Gesundheit. Dabei spielt die Rückmeldung der Umwelt eine wichtige Rolle. Verschiedene Faktoren kommen dabei zum Tragen, darunter das Körpergewicht, der pubertäre Status, das Selbstwertgefühl, die familiären Beziehungen, elterliche Vorbilder, Medien, soziale Kontakte und die kulturelle Zugehörigkeit. Dies alles beeinflusst die Einstellung zum eigenen Körper und prägt die eigene Identität (Boeger & Lüdmann 2023). Zu wenig an psychomotorischen Erfah-

4.2 Die (Be-)Deutung des Körpers

rungen, wie es typisch ist bei Kindern und Jugendlichen, die viel Zeit vor und mit Bildschirmen verbringen, kann – wie beschrieben – die Körperschemarepräsentationen beeinflussen, und zunehmend belegen Forschungsergebnisse auch, dass ein Mangel an Bewegung oder Berührung sowie soziale Isolation Risikofaktoren für das psychische und körperliche Wohlbefinden sein können (Müller & Grunwald 2020).

Parallel zur körperlichen Entwicklung schreitet auch die kognitive Entwicklung voran. Die meisten Jugendlichen erreichen eine höhere Stufe der intellektuellen Fähigkeit, was ihnen ermöglicht, ihren Körper und sich selbst von einer Metaebene aus zu betrachten. Sie können beispielsweise den Wunsch entwickeln, den eigenen Körper so zu gestalten, dass er provoziert oder von anderen bewundert wird, und sich entsprechend »ausgestalten«. Eine liebevolle Betrachtung des eigenen heranwachsenden Körpers muss dabei oft auch (pädagogisch) begleitet werden, damit der eigene Körper nicht zum bloßen Oberflächenmaterial wird, das auf möglichst kurzfristigem Wege modifiziert und perfektioniert werden soll.

Das Streben nach Perfektion ist an sich ein geeigneter Motor für Optimierungen und eine Ressource, die ein Leben lang Kraft entfalten kann. Jedoch scheinen junge Menschen in ungeeigneter Weise immer perfektionistischer zu werden. So zeigt eine Studie der britischen Psychologen Thomas Curran (University of Bath) und Andrew Hill (York St. John University), die im Deutschen Ärzteblatt besprochen wird, dass seit 1986 der Perfektionismus beispielsweise bei Studierenden linear zugenommen habe. Dabei handele es sich nicht nur um ein individuelles Streben, sondern um gesamtgesellschaftliche Entwicklungen. »Neokapitalismus, Leistungsorientierung, wachsende ökonomische Ungleichheit und Unsicherheit, Konkurrenzkampf, Wettbewerbsdruck und Globalisierung [erfordern] es unablässig, schneller und besser als andere zu sein und es bis an die Spitze zu schaffen« (Sonnenmoser 2022, S. 353). Gepaart mit gestiegenen Anforderungen aus dem familiären und sozialen Umfeld bewirke dies ein Perfektionierungsstreben, das in (Selbst-)Optimierung mündet und – über reine Inszenierungspraktiken wie provokative Kleidung,

Make-up oder Piercings hinaus – nun auch immer häufiger die konkrete körperliche Beschaffenheit umfasst.

4.3 Problematische Auswirkungen von Körperidealen

Das Perfektionierungsstreben hat zur Folge, dass »riskantes Optimierungshandeln schon bei Jugendlichen« (Trunk 2018, S. 55) auftritt und in vielen Bereichen zunimmt. Gemeint sind körperliche Optimierungen über Kosmetika, Vitaminpräparate oder Injektionen (Rendtorff 2021) oder das durch die Medien und große Datenmengen propagierte optimierte Selbst (Terhart, Hofhues & Kleinau 2021), inklusive der Zunahme körperlicher Eingriffe und substanzbasierten Einwirkungen bei jungen Menschen, die häufig nicht revidierbar sind. Unterschiedliche Bereiche sind betroffen, bei denen sich problematische Auswirkungen von körperlichen Idealvorstellungen häufen.

4.3.1 Sport und Fitness

Im Sport macht beispielsweise das US-amerikanische CCDH – Center for Countering Digital Hate Incorporation (2023) darauf aufmerksam, dass die Internetplattform TikTok, ein bei Kindern und Jugendlichen sehr populäres soziales Netzwerk, gefährliche und teilweise illegale Steroide und steroidähnliche Drogen bei Jugendlichen bewirbt. Neuste Studien zeigen, dass TikTok-Videos, die potenziell gefährliche Bodybuilding-Drogen verherrlichen, zu Verkaufswebsites weiterleiten und in den USA innerhalb von drei Jahren mindestens 587 Millionen Mal angesehen wurden (CCDH 2023). Auch in Deutschland werden Heranwachsende, die ehrgeizig Sport betreiben, sich entsprechende Mittel besorgen können, aber nur wenige Medien berichten darüber. Der Schweitzer Sportmediziner Roman Gähwiler – so berichtet 2020 das Ärzteblatt – zeigt in Zusammenhang mit seiner Dissertation auf, dass die Konsumierenden von anabolen Steroiden immer jünger werden. Unter den Betroffenen seien auch vermehrt Frauen, die sich gesundheitlichen Risiken aussetzen und dabei häufig auch Nebenwirkungen in Kauf nehmen, die nicht rückgängig gemacht werden können, wie beispielsweise eine Vertiefung der Stimme oder eine Vermännlichung von Sexualorganen. Zudem können die verwendeten Präparate zu Missbildungen bei ungeborenen Kindern führen. Motiviert ist diese Praxis durch den Wunsch nach optimaler Muskel-Definition und nach möglichst wenig Unterhaut-Fettgewebe. Dies wird auch in sozialen Medien immer mehr propagiert. Medien beeinflussen die Wahrnehmung von Attraktivität und prägen Schönheitsideale durch die Fokussierung auf perfekte Körper und entsprechend bearbeitete Bilder. Dieser Druck führt dazu, dass viele – vor allem junge Menschen – Wirkstoffe konsumieren, um diesen Standards schnell und vermeintlich mühelos zu entsprechen (Sommerhalder 2020). Der eigene Körper, so wie er ist, scheint immer häufiger Anlass für Scham zu sein und ein negatives Körperbild führt zu einem negativen Selbstwertgefühl (Boeger & Lüdmann 2023).

4.3.2 Schönheits- und Schlankheitsnormen

Neben den Idealvorstellungen vom sportlichen Körper fördern soziokulturelle Modelle in den Industrienationen eine negative Einstellung zum eigenen Körper, wenn er den vorherrschenden Schönheits- und Schlankheitsnormen nicht entspricht, wobei die Medien als wesentliche Vermittler fungieren. Das weibliche Körperideal unterliegt zeitlichen Veränderungen. In den letzten sechzig Jahren hat sich das Gewichtsideal in der Fotomodell-Branche kontinuierlich verringert (Boeger & Lüdmann 2023). Auch eine deutliche Zunahme kosmetisch orientierter plastischer Operationen zeigt, wie sehr die Vorstellung von perfekten Körpern über medizinische Eingriffe, als Körperoptimierungen und Human Enhancement (auf Deutsch:

menschliche Verbesserung) zur Normalität geworden ist (Villa 2008). Die kollektive Vorstellung vom idealen Körper wird individualisiert und mündet in der Vorstellung, über sich selbst und den eigenen Körper frei verfügen zu können. Damit »wird der Körper ›rohstoffisiert‹« (Villa 2008, zit. nach Rendtorff 2021, S. 152).

Bei Heranwachsenden ist es häufig der Druck von Gleichaltrigen, insbesondere in Mädchencliquen, der negativen Einfluss hat. Vergleiche, Angst vor Beschämung oder Hänseleien durch Gleichaltrige, aber auch durch Eltern und Verwandte aufgrund der äußeren Erscheinung – bei Mädchen oft bezüglich des Körpergewichts und Brustentwicklung –, ist weit verbreitet und ein signifikanter Risikofaktor für eine negative Körpereinstellung bei beiden Geschlechtern (Boeger & Lüdmann 2023). Vor allem aber junge Frauen werden auf diese Weise verunsichert, frustriert oder depressiv (Sonnenmoser 2022). Insbesondere Mädchen fühlen sich unwohl und zeigen gegenüber den Jungen größere Unzufriedenheit mit ihrem Körper. Dieser Befund gilt laut Boeger und Lüdmann (2023, S. 47) vor allem für die westliche Welt.

Mädchen wollen demnach doppelt so oft ihr Aussehen verändern. Während junge Männer den Körper als ein leistungsstarkes, die Umwelt beeinflussendes Instrument betrachten, mit dem sie ihre Stärke demonstrieren können, sehen weibliche Jugendliche ihren Körper eher als sexualisiertes Mittel, um andere zu beeindrucken und anziehend zu sein. So nutzen männliche Jugendliche schon früh beispielsweise Kaugummis, die besonders hart sind, damit sich der Kiefer stärker ausprägt und männlicher wirkt (Wilkinson 2022), und präsentieren sich gern muskulös beispielsweise mit Motorrädern oder schnellen Autos. Mädchen hingegen sind immer früher in Sorge um ihr Gewicht und entwickeln Essstörungen (Boeger & Lüdmann 2023). Zudem verstärken sich die Trends, dass immer jüngere Mädchen sich in den sozialen Medien als begehrenswerte Sexualobjekte für Männer inszenieren und sich in sexualisierten Kontexten zeigen (HdM – Hochschule der Medien Stuttgart 2023).

4.3.3 Be-hinderte Körper

Körperliche Ideale und Rollenzuweisungen entfalten auch Wirkungen, wenn Körper nicht dem entsprechen, was als »normal« vorausgesetzt wird. Es gilt als »normal«, unversehrt zu sein. Beeinträchtigt zu sein, wird als negativ angesehen und muss verbessert, geheilt oder sogar beseitigt werden soll (Danz 2023). Ideal und Norm liegen aber nahe beieinander, wie die etymologischen Ursprünge des Begriffs »normal« zeigen (Danz 2020). Es gibt zwei unterschiedliche Begriffsinhalte, die bis heute im Verständnis von ›normal‹ erhalten sind. Vorstellung von Normalität basiert auf gemeinsamen Werten und beinhaltet abstrakte Ideen sowie gemeinsame Erwartungen. Der lateinische Ursprung des Begriffs betont die normative Bedeutung und impliziert, dass Regeln als Richtmaß von allen befolgt werden müssen. Eine andere Bedeutung des Begriffs stammt aus dem Griechischen. Normal zu sein, bedeutet hier gleichzeitig, gesund zu sein. Dies verweist auf den Idealzustand des gesunden Körpers und seiner Organe. Während dieser ältere Begriffsinhalt im Laufe der Zeit in den Hintergrund geriet, wurde das »Normale« zu einem rational feststellbaren Zustand, der der Norm entspricht. Insgesamt zeigt sich, dass das Verständnis von Normalität im Laufe der Zeit von einem Idealzustand hin zu einem feststellbaren Zustand gewandelt hat (Danz 2020).

So bewirken die sozialen wie auch die institutionellen und politischen Ordnungsprinzipien mächtige Normalisierungsprozesse, denen Körper, Körperteile und Aussehen – wie oben am Beispiel von »schön«, »schlank sein« gezeigt wurde – unterworfen sind. Die Handlungsmöglichkeiten der von Be-hinderungen betroffenen Personen sind beeinflusst und beschränkt von der Wahrnehmung, Interpretation und Bewertung beeinträchtigter Körper, Bewegungen und Reaktionen oder auch geschlechtlicher Aspekte (Kleiner, Rieckmann & Zimpel 2016). Behinderung wird demnach überwiegend diskursiv hergestellt und ableistisch erzeugt. Der Begriff »Ableismus« (vom englischen Wort ability für Fähigkeit) stammt aus den Disability Studies und kritisiert die Konstruiertheit von Behinderung entlang dessen, was als selbstverständlich angenommen wird (Buchner, Pfahl & Traue 2015). Ableismus analysiert die machtvolle Bevorzugung von Eigenschaften und Fähigkeiten, die als unerlässlich für Erfolg und Leistungsfähigkeit gelten, während das Abweichen oder Fehlen dieser Eigenschaften und Fähigkeiten als fehlerhaft angesehen wird (Wolbring 2009). Ableismus wendet sich also gegen die Überzeugung, dass Unversehrtheit und Leistungsfähigkeit als normal gelten und Beeinträchtigungen als negativ angesehen werden und verbessert oder geheilt werden sollten (Campbell 2008). Auch Menschen mit Behinderungserfahrungen haben ableistische Haltungen und Überzeugungen verinnerlicht und stimmen oft den selbst erlebten Diskriminierungen und Vorurteilen unbewusst oder bewusst zu, so dass sie sich selbst abwerten (Maskos 2020).

Das Konzept des Ableismus ermöglicht es, Ungleichheiten durch die Konstruktion markierter, devianter Körper aus feministischer Perspektive zu kritisieren (Raab 2011). So zeigen sich Gemeinsamkeiten bei den Differenzkategorien »Behinderung« und »Geschlecht«, die jeweils durch normative Ordnung des Soziokulturellen hervorgebracht werden. Sie prägen infolge von Anerkennungspraxen und Normalitätsstandards erstrebenswerte Identitäten und Wunschvorstellungen über das eigene Sein. Behinderung wird demnach als ein Ordnungssystem verstanden, »in dem erstens körperliche Variationen interpretiert und diszipliniert werden; in dem zweitens, der Körper als Ausdruck und Effekt der soziokulturellen Ordnung fungiert; in dem drittens, ein Set soziokultureller Praktiken gleichermaßen behinderte wie nichtbehinderte Körper produziert; und wodurch es viertens, möglich wird, Prozesse der Verkörperung als instabilen Prozess zu beschreiben, gerade weil von der Norm abweichende Körper permanent ausgeschlossen werden und diese gleichzeitig permanent bedrohen« (Raab 2011, o. S.). Dies verdeutlicht noch einmal, dass gesellschaftliche Normen und Anerkennungsprozesse sowie allgemeine Entwicklungsziele einen Einfluss darauf haben, welche Identitäten als erstrebenswert betrachtet werden und welche Vorstellungen Menschen über sich selbst aufgrund der Beschaffenheit des Körpers haben.

4.3 Problematische Auswirkungen von Körperidealen

Auch wenn Behinderungen – wie beschrieben – diskursiv erzeugt werden, gibt es aber eine biologisch-körperliche Seite von Behinderung. Zuschreibungen sind nämlich nicht allein verantwortlich dafür, wie Menschen mit Behinderungen ihren Körper erleben und bewerten. Betroffene WissenschaftlerInnen wie Rebekka Maskos machen darauf aufmerksam, dass Behinderung nicht nur rein sozial konstruiert sei. Wird »Behinderung ausschließlich im Rahmen von Kultur und Sprache gedacht«, werde der Körper nahezu zur »Fiktion« gemacht (Maskos 2022, S. 4 f.), was schwer zu verstehen sei, wenn man in einem beeinträchtigten und schmerzenden Körper lebt. Demnach fasst Maskos mit Blick auf Carol Thomas Behinderung in einem Verhältnis zwischen kulturellen und materiellen, auf den Körper bezogenen Zugängen auf. Sie sieht damit nicht zwei Ansätze, die sich gegenüberstehen, sondern sich gegenseitig beeinflussen. Dies kann als Plädoyer dafür verstanden werden, die jeweilige körperliche Realität nicht auszublenden, auch wenn die Bedeutung gesellschaftlicher Konstruktionen betont wird. Körperliche Bewertungen und Erleben sind demnach nicht allein durch ableistische Zuschreibungen bestimmt, sondern haben auch eine biologisch-materielle Grundlage.

4.3.4 Geschlechterrollenerwartungen und Körperformung

Behinderung hat als Differenzkategorie eine beruhigende Funktion für die gesellschaftliche Ordnung und damit auch eine Wirkung auf die psychische Dynamik der Einzelnen (Danz 2011), gleiches gilt auch für das Geschlecht. Neben den Schönheits-, Leistungs- und Erfolgsidealen wirken auch stereotype Geschlechterrollenerwartungen auf das eigene Selbstbild und das Selbstwertgefühl ein. Insbesondere Frauen und Mädchen, die den geschlechtsbasierten Zuweisungen nicht entsprechen oder sich ihnen widersetzen, sehen sich verstärkt mit gesellschaftlichen Erwartungen konfrontiert. Häufig lehnen Mädchen die propagierte Form von Weiblichkeit und die Polarisierung von Weiblichkeitsvorstellungen ab (Stammer 2023), vermutlich auch verstärkt noch, wenn sie in der Pubertät realisieren, welche

Einschränkungen, Diskriminierungen und Beschämungen sie aufgrund ihres Frauseins erwarten.

Wenn Kinder und Jugendliche in ihrem Verhalten und ihrem Aussehen nicht den traditionellen Bildern entsprechen, kann es passieren, dass sie sich aktuell schnell als Trans* definieren, entsprechend diagnostiziert und häufig auch medizinisch behandelt werden (Lenzen-Schulte 2022). Ein Anzeichen dafür ist die drastische Zunahme von Mädchen und jungen Frauen, die sich in Genderambulanzen vorstellen und eine Geschlechtstransition wünschen. Man kann vermuten, dass neben den bereits genannten Gründen der Wunsch nach Transition oft auf sozialer Nachahmung innerhalb der Peer-Group beruht, auf einem gesteigerten Bewusstsein über pharmakologische oder chirurgische Möglichkeiten sowie der starken Stigmatisierung von Homosexualität und nicht geschlechtskonformem Verhalten (Lenzen-Schulte 2022).

Statt die Toleranz gegenüber nicht traditionellen Lebensentwürfen zu verbessern und die Vielfalt bei Geschlechtsrollenerwartungen zu stärken, werden mit dem Narrativ, im falschen Körper zu leben, die Geschlechterstereotype vielleicht sogar erneut verstärkt. Das Problem wird dann nicht bei der Gesellschaft mit ihren einseitigen Erwartungen an geschlechtsbezogenes Rollenverhalten verortet, sondern bei einzelnen Mädchen, die ihre Körperlichkeit möglicherweise anders darstellen möchten und nicht dem typischen Bild eines Mädchens entsprechen wollen (Danz 2023). Gesellschaftlich bräuchte es hier eine größere Offenheit gegenüber Verhaltensvielfalt bei Mädchen und Frauen genauso wie bei Jungen und Männern. Allen Geschlechtern sollte es erlaubt sein, sich abseits der engen binären geschlechtlichen Verhaltensvarianten auszuleben.

4.4 Sexualpädagogische Implikationen

Werden diese beschriebenen Problemfelder gemeinsam betrachtet, ergibt sich als wichtige Aufgabe für die Sexualpädagogik, Selbstbestimmung und Verantwortung zu stärken. Dazu müssen Geschlechterstereotype und Verhaltensanforderungen kritisch hinterfragt werden – vor allem dann, wenn die körperliche Verfasstheit (etwa aufgrund von Behinderungen) oder die Form des Begehrens (beispielsweise als homosexuell liebende Person) nicht dem entspricht, was als üblich oder erwünscht gilt. Lebenslagen und Problembereiche von Mädchen und jungen Frauen unterscheiden sich von denen der Jungen oder jungen Männer in verschiedener Hinsicht, auch unter Machtaspekten (Wallner 2021). Sie wirken sich auf den Körper aus, auf die Psyche in Form von Verhalten und Erleben und stehen in Wechselwirkung mit dem sozialen Gefüge, in dem Heranwachsende leben. Ein wichtiges Ziel ist es, Heranwachsende langfristig in die Lage zu versetzen, ihr eigenes Handeln eigenständig zu beurteilen und unabhängig von subjektiven Interessen sowie Meinungen anderer so zu gestalten, dass bei konkreten Entscheidungen die Richtschnur an den Menschenrechten und der Menschenwürde ausgerichtet ist.

4.4.1 Geschlechterstereotypien hinterfragen

Das Recht, frei und selbstbestimmt über den eigenen Körper und die eigene Sexualität bestimmen zu können, beinhaltet für Mädchen und Frauen andere Herausforderungen als für Jungen und Männer. »Sexualität macht viele Probleme und für die Geschlechter sehr unterschiedliche« (Wallner 2021, S. 9). Es geht also auch um die Frage, wie Sexualpädagogik in dieser Hinsicht aktuell sinnvoll Einfluss nehmen und die Entwicklung Jugendlicher und junger Erwachsener mit dem Fokus auf Wohlergehen und Lebensqualität unterstützen kann.

4 Körper als Orte der Freude? Neue Aufträge an die Sexualpädagogik

So fordert es beispielsweise auch das Übereinkommen der Vereinten Nationen zur Beseitigung jeder Form von Diskriminierung der Frau (CEDAW 1979) in Artikel 5 a[19] sowie das Übereinkommen des Europarats zur Verhütung und Bekämpfung von Gewalt gegen Frauen und häuslicher Gewalt (Istanbul-Konvention o.J.) in Artikel 12.[20] Stereotypisierte Geschlechterrollen von Männern und Frauen sind demnach eine Ursache für die mangelnde Gleichstellung von Frauen. Soziale und kulturelle Verhaltensmuster können als Ursache dafür gesehen werden, dass Mädchen und Frauen häufig eine stille Bereitschaft entwickeln, sich als dekorative Objekte der Lust von Männern zu inszenieren und sich mit der Rolle der Unterlegenen (inklusive verbaler sexueller Abwertungen und Beschimpfungen) zu arrangieren, weil sie denken, es müsse so sein. Und wenn Mädchen und Frauen aufgezwungenen Geschlechtsstereotypen nicht entsprechen, fühlen sie sich falsch und unpassend. Dies gilt in vergleichbarer Weise für Jungen und Männer, die sich mit den männlichen Rollenzuweisungen und Verhaltenserwartungen als Dominante und Überlegene nicht arrangieren können oder wollen.

Junge Menschen richten sich häufig vielleicht eher an dem aus, was bestehende Normen und kollektive Erwartungen von ihnen verlangen beziehungsweise die Bezugspersonen in der eigenen unmittelbaren sozialen Umgebung vorleben, und weniger an dem, was

---

19 CEDAW, Artikel 5: »Die Vertragsstaaten treffen alle geeigneten Maßnahmen, a) um einen Wandel in den sozialen und kulturellen Verhaltensmustern von Mann und Frau zu bewirken, um so zur Beseitigung von Vorurteilen sowie von herkömmlichen und allen sonstigen auf der Vorstellung von der Unterlegenheit oder Überlegenheit des einen oder anderen Geschlechts oder der stereotypen Rollenverteilung von Mann und Frau beruhenden Praktiken zu gelangen [...].«
20 Istanbul-Konvention, Artikel 12 – Allgemeine Verpflichtungen: »1. Die Vertragsparteien treffen die erforderlichen Maßnahmen, um Veränderungen von sozialen und kulturellen Verhaltensmustern von Frauen und Männern mit dem Ziel zu bewirken, Vorurteile, Bräuche, Traditionen und alle sonstigen Vorgehensweisen, die auf der Vorstellung der Unterlegenheit der Frau oder auf Rollenzuweisungen für Frauen und Männer beruhen, zu beseitigen.«

sie für sich selbst als passend empfinden. In der Phase der Pubertät fühlen sie sich oft desorientiert und überfordert, sie wollen deshalb umso mehr in der Peer-Group anerkannt werden, sei es für ein den geltenden Schönheitsidealen angepasstes körperliches Aussehen oder für angesagte Trends bei Bekleidung etc. Auf keinen Fall aber möchten Heranwachsende in dieser Phase der ungefestigten Identität hinsichtlich ihrer körperlichen Entwicklung oder mit ihren sexuellen Empfindungen als unnormal gelten. Ein stärkendes »Wir-Gefühl« äußert sich dann oft in gemeinsamen beleidigenden Sprüchen gegenüber Gleichaltrigen, die wegen ihrer körperlichen Merkmale, ihres Verhaltens, ihrer sexuellen Neigungen oder aus anderen Gründen nicht dem gemeinsamen konventionellen Rahmen entsprechen. Wichtig erscheint es, bei den Heranwachsenden über das soziale Bezugssystem konsequent mit Werten wie Toleranz und Respekt gegen die Tendenz zu Beleidigungen anderer anzugehen.

4.4.2 Umgang mit Grenzen und dem »Nein«

Eine ganzheitliche Sexualpädagogik umfasst für das Ziel der sexuellen Gesundheit auch die Entwicklung von Liebesfähigkeit und die (Liebes-)Beziehungsfähigkeit zu sich selbst wie zu den anderen, besonders dann, wenn sich die Hoffnungen auf Erwiderung eines sexuellen Interesses nicht erfüllen lassen. Frustration und Ablehnung aushalten, Grenzen akzeptieren, das passt nicht zum aktuellen Optimierungszwang und zur »neoliberalen Botschaft unserer Zeit« (Krüger 2023, S. 10), die suggeriert, dass alles machbar und erreichbar ist. Dennoch ist eine gesunde psychische Entwicklung daran gebunden, den Mangel zu ertragen und sich der eignen Machtlosigkeit und Abhängigkeit zu stellen. Für den sexualpädagogischen Auftrag würde dies bedeuten, Heranwachsende zur Beziehungsfähigkeit zu ermutigen und sie anzuleiten, sich weniger auf die Ausstattung des Körpers zu fokussieren. Befriedigende Liebesbeziehungen entstehen in Freiwilligkeit und Freude, wenn das Angebot eine Einladung zum Kontakt beinhaltet, die auch abgelehnt werden darf, ohne dass Wut oder Hass auf andere oder auf sich selbst aus der Enttäuschung entsteht.

Wenn ein Gefühl des Mangels besteht, wie durch die Angst, nicht genug geliebt zu werden oder nicht zu genügen, kann sich leicht ein Druck zur Optimierung und zum Leistungsdenken ausbreiten. Die Aussicht darauf, durch Optimierung des Körpers erfolgreicher, attraktiver und stabiler zu werden, erscheint dann besonders verlockend. Schon Goffman wies darauf hin, dass selbst Personen, die vom Glück begünstigt sind, oft Angst haben, den gesellschaftlichen Ansprüchen an Identitätsnormen nicht zu genügen und sich als »unwert, unvollkommen und minderwertig« (Goffman 2016, S. 158) erleben. Sie versuchen jedoch, dies im Sinne des Stigma-Managements zu verbergen und zu kompensieren, um äußerlich den Erwartungen zu genügen. Das Streben nach Sicherheit und Anerkennung könnte somit, um die These aufzugreifen, von der Hoffnung begleitet sein, vermeintliche Mängel etwa durch käufliche Güter oder optimierte Leistungsfähigkeit auszugleichen.

Eine ähnliche Argumentation könnte auch mit Hartmut Rosa verfolgt werden, der als Soziologe das »Drama des modernen Weltverhältnisses« (Rosa 2020, S. 8) im Bestreben sieht, alles beherrschbar zu machen. Der Drang zur totalen Kontrolle der Welt und zur Ausschaltung des Unkontrollierbaren führe dazu, alles zu verdinglichen, zu beherrschen und andere Menschen kleinzuhalten. In dieser Welt, in der alles verfügbar gemacht werden soll und es nur noch Objekte gibt, die es zu wissen, zu nutzen, zu haben, zu beherrschen oder zu erobern gilt, führt dies zu einer erlebnisarmen Existenz, in der das, was wahres Menschsein ausmacht – Resonanz und Beziehung – vernachlässigt wird. Rosa argumentiert, dass Resonanz als eine Weltbeziehung, in der Subjekt und Welt sich gegenseitig berühren und transformieren, nicht in der Logik der Verfügbarkeit gedeiht. Gemeint ist eine Art des Einwirkens und Bewegtseins, das geschieht, wenn Individuen mit allen Sinnen in Kontakt mit der Welt treten und sich wechselseitig in einer Art Berührtheit erreichen. Diese erfüllenden Beziehungserfahrungen sind potenziell erreichbar, aber nicht verfügbar, vorhersehbar oder planbar. Kapitalistische Mechanismen und Werbestrategien setzen genau dort an: Das Bedürfnis nach Resonanz wird in der Hoffnung, es schnell verfügbar zu machen, auf käufliche Objekte verschoben. Wenn Rosas soziologische Betrachtungen auf körperliche Begegnungen übertragen werden, kann so auch der Wunsch nach körperlicher Optimierung und planbarem sexuellem Erfolg erklärt werden.

4.5 Fazit – Körper als Räume der Begrenzung oder der Freude?

Dem Körper als einer »unhintergehbaren Voraussetzung jeglicher menschlicher Existenz« (Gugutzer & Schneider 2015, S. 31) kann man nicht entkommen. Der Körper ist die Materialisierung des eigenen Selbsts und ermöglicht es, das Tun des eigenen Selbsts zu spüren und zu erleben. Der Körper ist demnach Ermöglichung und Befähigung, ein Leben in der Welt zu führen. Obgleich der Körper etwas Privates ist, unterliegt er gesellschaftlichen Vorstellungen darüber, wie ein Körper zu sein hat und was er zu tun in der Lage sein soll. Welche Fähigkeiten, welches Verhalten oder welches Aussehen als normal und erwünscht gelten, kann als eine soziale oder kulturelle Übereinkunft verstanden werden, als ein sozial konstruiertes Verständnis, das keinen »natürlichen« Ursprung hat, sondern aus Mehrheitsverhältnissen und geübten Praxen entsteht. Eine gesunde Distanz zu den Ansprüchen von außen sowie eine Stärkung von innen erscheint unerlässlich, um die eigene Körperlichkeit als ganz eigenen Ort der Freude und Lust zu erleben.

Wenn die Vorstellung, im »falschen« Körper zu leben, an Bedeutung gewinnt und verbindliche Kategorien dazu führen, dass vermeintlich unpassende Merkmale und die körperliche Ausstattung schnell angepasst werden sollen, ist es von besonderer Bedeutung, die Perspektive, »aus der heraus über den Körper als Objekt von

Optimierungsbemühungen gesprochen wird« (Rendtorff 2021, S. 157), kritisch zu hinterfragen. Die Integration der Erfahrung von Begrenztheit, ohne unkritisch einer Optimierungsideologie zu folgen und ohne Körpertechnologien als Mittel zur Perfektionierung in Aussicht zu stellen, kann ein bedeutender Aspekt im pädagogischen Umgang mit dem Körper sein. Denn die Selbstoptimierung ohne den Einsatz medizinisch-chirurgischer oder pharmakologischer Veränderungen kann zunächst auch als Weg zu erfreulichen und lustvollen körperlichen Erlebnissen betrachtet werden – selbst dann, wenn der Körper altert, an Kraft verliert oder Körper und Geschlecht nicht passend erscheinen oder nicht den gesellschaftlichen Vorstellungen entsprechen. Nach vielseitigen, multiperspektivischen Abklärungen der entwicklungspsychologischen Gegebenheiten können dann immer noch ruhig und besonnen notwendige Maßnahme der Körpermodellierung oder der Geschlechtswandlung angestrebt werden.

4.6 Literatur

Anders, F. (2021): Wie ein transidentes Kind eine Schule verändert. Deutsches Schulportal. Online verfügbar unter: http://deutsches-schulportal.de/schulkultur/wie-ein-transidentes-kind-eine-schule-veraendert/, Zugriff am 18.01.2024.

BesD e.V. – Berufsverband erotische und sexuelle Dienstleistungen e.V. (o.J.). Online verfügbar unter: http://www.berufsverband-sexarbeit.de/index.php/sexarbeit/, Zugriff am 04.01.2024.

BMAS – Bundesministerium für Arbeit und Soziales (2016): Nationalen Aktionsplan zur Umsetzung der Behindertenrechtskonvention (NAP 2.0). Berlin. Online verfügbar unter: http://www.bmas.de/SharedDocs/Downloads/DE/Teilhabe/inklusion-nationaler-aktionsplan-2.pdf;jsessionid=FCB361E627CC7DFE98DEBAC171A89E3C.delivery1-master?__blob=publicationFile&v=1, Zugriff am 31.01.2024.

BMAS – Bundesministerium für Arbeit und Soziales (2019): Zweiter und dritter Staatenbericht der Bundesrepublik Deutschland zum Übereinkommen der

4.6 Literatur

Vereinten Nationen über die Rechte von Menschen mit Behinderungen. Berlin. Online verfügbar unter: http://www.bmas.de/SharedDocs/Down loads/DE/Internationales/staatenbericht-un-behindertenrechtskonvention. pdf?_blob=publicationFile&v=1, Zugriff am 31.01.2024.

BMFSFJ – Bundesministerium für Familie, Senioren, Frauen und Jugend (o.J.): Sexuelle und geschlechtliche Vielfalt als Themen in der Kita. Regenbogenportal.de, Informationspool der Bundesregierung zu sexueller und geschlechtlicher Vielfalt. Online verfügbar unter: http://www.regenbogenpor tal.de/informationen/sexuelle-und-geschlechtliche-vielfalt-als-themen-in-der-kita, Zugriff am 03.01.2024.

Boeger, A. & Lüdmann, M. (2023): Psychologie für Erziehungswissenschaften und Soziale Arbeit. Berlin: Springer.

BPB – Bundeszentrale für politische Bildung (2017): Geschlechtliche Vielfalt – trans*. Bonn. Online verfügbar unter: http://www.bpb.de/themen/gender-di versitaet/geschlechtliche-vielfalt-trans/, Zugriff am 23.01.2024.

BPB – Bundeszentrale für politische Bildung (2018): Handreichung zum Arbeitsblatt Identität für Pädagog*innen. Bonn. Online verfügbar unter: http:// www.bpb.de/themen/gender-diversitaet/geschlechtliche-vielfalt-trans/271517/handreichung-zum-arbeitsblatt-identitaet-fuer-paedagog-in nen/, Zugriff am 23.01.2024.

Buchner, T., Pfahl, L. & Traue, B. (2015): Zur Kritik der Fähigkeiten: Ableism als neue Forschungsperspektive der Disability Studies und ihrer Partner_innen. Zeitschrift für Inklusion, (2). Frankfurt a.M. Online verfügbar unter: https:// www.inklusion-online.net/index.php/inklusion-online/article/ view/273/256, Zugriff am 24.01.2024.

Butler, J. (1991): Das Unbehagen der Geschlechter. Frankfurt a.M.: Suhrkamp.

Butler, J. (2019): Körper von Gewicht – Die diskursiven Grenzen des Geschlechts. Frankfurt a.M.: Suhrkamp.

Campbell, F. K. (2008): Refusing Able(ness) – A Preliminary Conversation about Ableism. M/C Journal, 11 (3). Online verfügbar unter: http://journal.media-culture.org.au/index.php/mcjournal/article/view/46, Zugriff am 24.01.2024.

CCDH – Center for Countering Digital Hate Inc (2023): TikTok's Toxic Trade. How TikTok promotes dangerous and potentially illegal steroids and steroid-like drugs to teens. Online verfügbar unter: https://counterhate.com/research/ tiktoks-toxic-trade/, Zugriff am 23.01.2024.

CEDAW – Convention on the Elimination of All Forms of Discrimination Against Women – Übereinkommen der Vereinten Nationen zur Beseitigung jeder Form von Diskriminierung der Frau vom 18. Dezember 1979. Online verfügbar unter: http://www.bmfsfj.de/resource/blob/93360/3785562d5da761399c6f17

c9abcbc94f/beseitigung-diskriminierung-der-frau-cedaw-broschuere-data. pdf, Zugriff am: 30.04.2024.
Danz, S. (2011): Behinderung. Ein Begriff voller Hindernisse. Frankfurt am Main: Fachhochschulverlag.
Danz, S. (2020): Normalität, Alterität und Anerkennung. In: S. Hartwig (Hrsg.), Behinderung. Kulturwissenschaftliches Handbuch (S. 229–236). Stuttgart: J. B. Metzler.
Danz, S. (2023): Inklusive Mädchenarbeit und Menschenrechte: Disability Studies und Queer Theory anders gelesen. In: E. Schierer & S. C. Reichle (Hrsg.), Handbuch Mädchen*sozialarbeit. Professionelle Herausforderungen der Sozialen Arbeit geschlechterreflektierend bewältigen (S. 89–120). Weinheim, Basel: Beltz Juventa.
Degele, N. (2008): Gender/Queer studies: eine Einführung. Paderborn: Fink.
DER SPIEGEL (2021): Debatte über Transgender-Diskriminierung Britische Regierung unterstützt umstrittene Uni-Philosophin nach Rücktritt. Spiegel-Panorama vom 31. Oktober 2021. Online verfügbar unter: http://www.spiegel. de/panorama/bildung/kathleen-stock-philsophin-der-uni-sussex-tritt-nach-angeblicher-transgender-diskriminierung-zurueck-a-d3e687e2-9af6-4d65-9 e09-aff4d290556a, Zugriff am 03.01.2024.
DMIR – Deutsches Institut für Menschenrechte (2022): Im Fokus – Selbstbestimmte Sexualität von Frauen mit Behinderungen. Online verfügbar unter: http://www.institut-fuer-menschenrechte.de/im-fokus/selbstbestimmte-se xualitaet-von-frauen-mit-behinderungen, Zugriff am 29.12.2023.
Flammer, A. (2017): Entwicklungstheorien. Psychologische Theorien der menschlichen Entwicklung. Göttingen: Hogrefe.
Gleeson, J. (2021). Interview with Judith Butler: ›We need to rethink the category of woman‹. The Guardian, Tue 7 Sep 2021. Online verfügbar unter: http:// www.theguardian.com/lifeandstyle/2021/sep/07/judith-butler-interview-gender, Zugriff am 29.01.2024.
Goffman, E. (2016): Stigma. Über Techniken der Bewältigung beschädigter Identität. Frankfurt a. M.: Suhrkamp.
Gugutzer, R. & Schneider, W. (2015): Der ›behinderte‹ Körper in den Disability Studies. Eine körpersoziologische Grundlegung. In: A. Waldschmidt & W. Schneider (Hrsg.), Disability Studies, Kultursoziologie und Soziologie der Behinderung (S. 31–54). Bielefeld: Transcript.
HdM – Hochschule der Medien Stuttgart (2023): Gefährliche Trends. Die Sexualisierung junger Mädchen auf Social Media. Stuttgart: edit.Lab der Hochschule der Medien. Online verfügbar unter: http://www.edit-magazin.de/die-sexuali sierung-junger-maedchen-auf-social-media.html, Zugriff am 24.01.2024.

4.6 Literatur

Istanbul-Konvention – Übereinkommen des Europarats zur Verhütung und Bekämpfung von Gewalt gegen Frauen und häuslicher Gewalt. Online verfügbar unter: http://rm.coe.int/1680462535, Zugriff am 09.01.2024.

Kleiner, B., Rieckmann, T. & Zimpel, A. (2016): Diskurstheoretische Perspektiven auf Behinderung, Geschlecht und Sexualität als mögliche Grundlage der Debatte über Inklusion. Ein Versuch. In: J. Budde, S. Offen & A. Tervooren (Hrsg.), Das Geschlecht der Inklusion (S. 55–74). Opladen: Barbara Budrich.

Krüger, Ch. (2023): Der Körper als Schnittstelle, Vermittler und Grenze für Zugänge zum Anderen und uns selbst in der Psychoanalytischen Sozialarbeit. In: Verein für Psychoanalytische Sozialarbeit Rottenburg und Tübingen (Hrsg.), Vom Körper und seinen Beseelungen. Lustvolle und schmerzliche Umschreibungen von Körperlichkeit (S. 9–22). Frankfurt a.M.: Brandes & Apsel.

Lenzen-Schulte, M. (2022): Transition bei Genderdysphorie: Wenn die Pubertas gestoppt wird. Deutsches Ärzteblatt 48/2022. Online verfügbar unter: http://www.aerzteblatt.de/archiv/228699/Transition-bei-Genderdysphorie-Wenn-die-Pubertas-gestoppt-wird, Zugriff am 23.01.2024.

LSVD – Lesben- und Schwulenverband e.V. (o.J.): Bildungspläne & Richtlinien: Sexuelle und geschlechtliche Vielfalt in der Schule. Überblick über die Vorgaben der 16 Bundesländer. Online verfügbar unter: http://www.lsvd.de/de/ct/3972-Bildungsplaene-Richtlinien-Sexuelle-und-geschlechtliche-Vielfalt-in-der-Schule, Zugriff am 03.01.2024.

Maskos, R. (2020): Warum Ableismus Nichtbehinderten hilft, sich »normal« zu fühlen. Die neue Norm, 26.10.2020. Online verfügbar unter: http://dieneuenorm.de/aktuelles/ableismus-behindertenfeindlichkeit/, Zugriff am 23.01.2024.

Maskos, R. (2022): Behinderte Subjekte als »Ensemble gesellschaftlicher Verhältnisse« Oder: Schlaglichter auf einen nicht-reduktionistischen Materialitätsbegriff in den Disability Studies. ZDS – Zeitschrift für Disability Studies 1/2022. Innsbruck: university press. Online verfügbar unter http://zds-online.org/wp-content/uploads/2022/02/ZDS_2022_1_6_Maskos.pdf, Zugriff am 24.01.2024.

Mau, H. (2022): Entmenschlicht. Warum wir Prostitution abschaffen müssen. Hamburg: Edel Books.

Montanari, J. (2022): Debatte zu Biologie und Geschlechterpolitik: Rettet das Seepferdchen. Meinung Vorwürfe von Transfeindlichkeit und ein aus Sicherheitsbedenken abgesagter Vortrag an der HU. Der Freitag, Ausgabe 28/2022. Online verfügbar unter: http://www.freitag.de/autoren/johanna-montanari/abgesagter-vortrag-von-marie-vollbrecht-trennt-biologie-und-geschlechterpolitik, Zugriff am 03.01.2024.

Müller, S. M. & Grunwald, M. (2020): Körperschema und Körperbild. In: W. Senf, M. Broda, D. Voos & M. Neher (Hrsg.), Praxis der Psychotherapie: Ein integratives Lehrbuch (S. 84–93). Stuttgart: Thieme.
Müller, S. M. & Grunwald, M. (2022): Wahrnehmungsdimensionen des haptischen Systems. In: S.M Müller, C. Winkelmann & M. Grunwald (Hrsg.), Lehrbuch Haptik. Grundlagen und Anwendung in Therapie, Pflege und Medizin (S. 1–39). Wiesbaden: Springer.
Oehmke, Ph. (2020): Hasskampagne gegen Harry-Potter-Erfinderin. Die Verfolgung der J. K. Rowling. Die Weltschriftstellerin ist in den Krieg zwischen Feministinnen und Transaktivisten geraten. DER SPIEGEL 51/2020 vom 11.12. 2020. Online verfügbar unter: http://www.spiegel.de/kultur/literatur/j-k-rowling-wie-sich-die-harry-potter-erfinderin-von-millionen-fans-entfremde te-a-00000000-0002-0001-0000-000174419316, Zugriff am 03.01.2024.
Paritätische Gesamtverband (2021): Geschlechtliche Vielfalt in der Kinder- und Jugendhilfe. inter* und trans*Kinder 0–6 Jahre. Berlin. Online verfügbar unter: http://www.der-paritaetische.de/fileadmin/user_upload/Publikationen/doc/inter-trans_1_0-6-Jahre_web.pdf, Zugriff am 18.01.2024.
Raab, H. (2011): Inklusive Gender? Gender, Inklusion und Disability Studies. Zeitschrift für Inklusion, 5 (1). Online verfügbar unter: http://www.inklusion-online.net/index.php/inklusion-online/article/view/104, Zugriff am 24.01. 2024.
Rendtorff, B. (2021): Optimierung von Geschlecht. In: H. Terhart, S. Hofhues & E. Kleinau (Hrsg.), Optimierung. Anschlüsse an den 27. Kongress der Deutschen Gesellschaft für Erziehungswissenschaft (S. 145–162). Opladen, Berlin, Toronto: Barbara Budrich.
Rich, A. (1991): Zwangsheterosexualität und lesbische Existenz. In: D. Schultz (Hrsg.), A. Rich & A. Lorde: Macht und Sinnlichkeit. Ausgewählte Texte (S. 138–169). Berlin: Orlanda.
Rosa, H. (2020): Resonanz: Eine Soziologie der Weltbeziehung. Frankfurt a.M.: Suhrkamp.
Rosa, H. (2022): Unverfügbarkeit: Die Ambivalenz des Glücks. Frankfurt a.M.: Suhrkamp.
Schinzler, N. (2018): Zur Situation von trans* Kindern und Jugendlichen – insbesondere in Familie und Schule. Bundeszentrale für politische Bildung. Online verfügbar unter: http://www.bpb.de/themen/gender-diversitaet/ge schlechtliche-vielfalt-trans/269316/zur-situation-von-trans-kindern-und-ju gendlichen-insbesondere-in-familie-und-schule/, Zugriff am 18.01.2024.
Schon, M. (2021): AUSVERKAUFT!: Prostitution im Spiegel von Wissenschaft und Politik. Hamburg: Tredition.

4.6 Literatur

Sielert, U. (2021): Sexualpädagogik. socialnet Lexikon. Bonn: socialnet. Online verfügbar unter: http://www.socialnet.de/lexikon/1181, Zugriff am 03.01.2024.

Sommerhalder, R. (2020): Konsum von Jugendlichen und Frauen nimmt zu. Doktorarbeit eines Arztes und Beichte eines Dopers decken unschöne Folgen des Körperkults auf. Aargauer Zeitung vom 9. Juli 2020. Online verfügbar unter: http://www.aargauerzeitung.ch/schweiz/doktorarbeit-eines-arztes-und-beichte-eines-dopers-decken-unschone-folgen-des-korperkults-aufld.1236575, Zugriff am 23.01.2024.

Sonnenmoser, M. (2022): Gesellschaft und Psyche: Der Drang zur Optimierung. Deutsches Ärzteblatt für psychologische PsychotherapeutInnen und Kinder- und JugendlichenpsychotherapeutInnen PP 21, Ausgabe August 2022 (S. 353). Online verfügbar unter: http://www.aerzteblatt.de/archiv/226477/Gesellschaft-und-Psyche-Der-Drang-zur-Optimierung, Zugriff am 23.01.2024.

Stammer, H. (2023): Weibliche Identitätsentwicklung in der Adoleszenz. In: E. Schierer & S. C. Reichle (Hrsg.), Handbuch Mädchen*sozialarbeit. Professionelle Herausforderungen der Sozialen Arbeit geschlechterreflektierend bewältigen (S. 152–162). Weinheim, Basel: Beltz Juventa.

Terhart, H., Hofhues, S. & Kleinau, E. (2021): Optimierung. Eine Einleitung. In: H. Terhart, S. Hofhues & E. Kleinau (Hrsg.), Optimierung. Anschlüsse an den 27. Kongress der Deutschen Gesellschaft für Erziehungswissenschaft (S. 7–18). Opladen, Berlin, Toronto: Barbara Budrich.

Thomas, G. (2021): Philosophin Kathleen Stock tritt zurück. FAZ.net vom 31. Oktober 2021, abgerufen am 31. Oktober 2021. Online verfügbar unter: http://www.faz.net/aktuell/feuilleton/debatten/nach-kampagne-von-transaktivisten-kathleen-stock-tritt-zurueck-17611410.html, Zugriff am 03.01.2024.

Trunk, J. (2018): Körperbilder, -optimierung und -modifikation: Riskantes Schönheitshandeln bei Mädchen und Jungen. Theoretischer Hintergrund und praktische Implikationen für die Jugendarbeit. deutsche jugend. Zeitschrift für Jugendarbeit 2, 55–62.

Universität Bielefeld, Fakultät für Gesundheitswissenschaften (2019): Abschlussbericht »Evaluation von Spezialambulanzen und gynäkologischen Sprechstundenangeboten zur gynäkologischen und geburtshilflichen Versorgung von Frauen mit Behinderung«. Bielefeld. Online verfügbar unter: http://www.bundesgesundheitsministerium.de/fileadmin/Dateien/5_Publikationen/Praevention/Berichte/Abschlussbericht_E-GYN-FMB.pdf, Zugriff am 31.01.2024.

Villa, P.-I. (2011): Sexy Bodies. Eine soziologische Reise durch den Geschlechtskörper. Wiesbaden: Verlag für Sozialwissenschaften.

Villa, P.-I. (2008): Habe den Mut, Dich Deines Körpers zu bedienen! Thesen zur Körperarbeit in der Gegenwart zwischen Selbstermächtigung und Selbstunterwerfung. In: P.-I. Villa (Hrsg.), Schön normal. Manipulationen am Körper als Technologien des Selbst (S. 245–273). Bielefeld: Transcript.

Wallner, C. (2021): Lebenswelten von Jugendlichen. In: V. Laimbauer & P. Scheibelhofer (Hrsg.), Sexualität und Pädagogik. Teil 2: Zur praktischen Umsetzung von Sexualpädagogik. Schulheft 183/2021 (S. 9–16). Innsbruck: Studienverlag.

WHO – World Health Organization (2006/2010): Defining sexual health. Report of a technical consultation on sexual health. Online verfügbar unter: http://www.who.int/teams/sexual-and-reproductive-health-and-research/key-areas-of-work/sexual-health/defining-sexual-health, Zugriff am 29.12.2023.

WHO – World Health Organization (2023): Sexual and reproductive Health. Overview. Online verfügbar unter: http://www.who.int/europe/health-topics/sexual-health#tab=tab_1, Zugriff am 29.12.2023.

Wilkinson (2022): Kaugummi kauen für eine markante Jawline. Online verfügbar unter: http://wilkinsonsword.de/blogs/manner/jawline-ubungen-und-bart styles-fur-eine-markante-kieferpartie, Zugriff am 25.01.2024.

Wolbring, G. (2009): Die Konvergenz der Governance von Wissenschaft und Technik mit der Governance des »Ableism«. Technikfolgenabschätzung – Theorie und Praxis Nr. 2, 18. Jg., September 2009, 29–35. Online verfügbar unter: http://tatup.de/index.php/tatup/article/download/935/1736, Zugriff am 24.01.2024.

5 Moderne Familienplanung, Reproduktionsmedizin und ihre Auswirkungen auf die Sexualbildung

Heike Stammer

Der folgende Text bietet eine allgemeine Einführung in das Thema Kinderwunsch sowie die wichtigsten medizinischen Behandlungsansätze und wie diese Entwicklungen die traditionelle Sicht auf Familien verändern können. Dabei werden auch die Schattenseiten moderner reproduktionsmedizinischer Methoden angesprochen, die von den Broschüren der reproduktionsmedizinischen Zentren und die in ihnen enthaltenen Erfolgsversprechungen häufig nicht ausreichend thematisiert werden. Die modernen Behandlungsmethoden verhelfen vielen betroffenen Paaren zum eigenen Kind. Allerdings bleiben viele Paare auch nach langjährigen Behandlungsanstrengungen ungewollt kinderlos oder greifen (im Ausland) zu fragwürdigen (in Deutschland verbotenen) Methoden, um sich ihren dringenden Kinderwunsch zu erfüllen, sofern sie es sich finanziell und emotional leisten können. Das Kindeswohl, aber auch häufig die Gesundheit beteiligter dritter und vierter Personen werden dabei oft zu wenig berücksichtigt.

5 Moderne Familienplanung, Reproduktionsmedizin und Sexualbildung

5.1 Kinderwunsch

Die Gründung einer Familie ist für die meisten Menschen bereits in jungen Jahren ein zentrales Lebensziel. Laut der Studie »Jugendsexualität« der Bundeszentrale für gesundheitliche Aufklärung aus dem Jahr 2019 geben rund 79 Prozent der Frauen im Alter von 21 bis 25 Jahren an, dass sie sich Kinder wünschen, bereits schon Kinder haben oder zum Zeitpunkt der Befragung ein Kind erwarten (BZgA 2022). Bei den Männern in dieser Altersgruppe waren es im Vergleich etwa 72 Prozent, die einen Kinderwunsch äußerten (Scharmanski & Hessling 2021a). Gleichzeitig sinkt die Zahl der Geburten in Deutschland nach einem leichten Anstieg seit 2022 wieder auf ein im Ländervergleich insgesamt niedriges Niveau (Statista 2024). Dieser scheinbare Widerspruch hängt u. a. mit gesellschaftlichen Entwicklungen zusammen, die im Folgenden beschrieben und diskutiert werden sollen.

Für Jugendliche ist das wichtigste Ziel bei der Aufnahme intimer Beziehungen, eine mögliche Schwangerschaft zu verhindern, um eine frühe und ungeplante Familiengründung zu vermeiden. Daher liegt ein großer Schwerpunkt der Sexualaufklärung in Schulen und in der Jugendhilfe auf Informationen zur Empfängnisverhütung (Scharmanski & Hessling 2021b).

Die Zeiten, in denen Schwangerschaften ein natürlicher und oft ungeplanter Bestandteil im Leben junger Paare waren, scheinen der Vergangenheit anzugehören. In den letzten Jahrzehnten hat der medizinische Fortschritt in Bezug auf sichere Verhütungsmethoden die Selbstbestimmung von Frauen und Männern über ihre Sexualität und ihren Körper gestärkt. Dieser Zuwachs an Selbstbestimmung durch die Vermeidung ungeplanter Schwangerschaften birgt aber auch Gefahren, die oft weder von den Paaren, die sich den physischen und biografischen Risiken nicht immer bewusst sind, noch von der Gesellschaft oder dem Gesetzgeber wahrgenommen und reflektiert werden. Die Verschiebung der Familiengründung in ein höheres Lebensalter verleugnet häufig, dass damit auch die Chancen auf eine Schwangerschaft und die Geburt eines Kindes sinken.

Ein bedeutender Meilenstein für die Selbstbestimmung der Frau war die Einführung der »Pille« – der ersten sicheren Verhütungsmethode, die eine zuverlässige Trennung von Sexualität und Fortpflanzung ermöglichte. Die »Pille« wurde 1961 in Deutschland eingeführt und wird von Alice Schwarzer (2010) noch heute als ein entscheidender Schritt für die Emanzipation gefeiert. Anfangs wurden die ersten Antibabypillen aus Sorge vor einer angeblich enthemmenden Wirkung nur zur Behandlung von Menstruationsbeschwerden verschrieben und ausschließlich an verheiratete Frauen. Die anfängliche feministische Kritik, die Pille könne letztlich zu männlicher Kontrolle führen, indem sie eine ständige sexuelle Verfügbarkeit der Frauen impliziert, trat jedoch angesichts des Anstiegs von Universitätsabsolventinnen und der allgemeinen Zunahme der berufstätigen jungen Frauen schnell in den Hintergrund (Jütte 2003).

Kondome und die Pille sind nach wie vor die wichtigsten Verhütungsmittel in Deutschland – das zeigen die Ergebnisse der repräsentativen Wiederholungsbefragung der Bundeszentrale für gesundheitliche Aufklärung (BZgA 2023) zum Verhütungsverhalten Erwachsener. Sichere Verhütungsmethoden haben Frauen und Paaren zweifellos Freiräume in der Lebensplanung eröffnet, den Kinderwunsch zugunsten der beruflichen Entwicklung zeitweise aufzuschieben und damit den Weg für die heutige gesellschaftliche Entwicklung geebnet, in der der Anteil erwerbstätiger Frauen kontinuierlich steigt (Schindele & Koppermann 2001). Die Gewissheit, eine Schwangerschaft sicher verhindern zu können, hat aber gleichzeitig die Vorstellung unterstützt, dass sie auch ebenso sicher bis zum Beginn der Menopause herbeigeführt werden kann. Zahlreiche aktuelle Veröffentlichungen in den Massenmedien, insbesondere über prominente Mütter im fortgeschrittenen Alter, können diese Vorstellung bei Frauen verstärken, die sich bei genauerer Betrachtung als wenig verlässlich erweist.

Die vermeintliche Planbarkeit einer Schwangerschaft und die damit einhergehende häufige Beschränkung auf ein bis zwei Kinder hat zudem dazu geführt, dass der Wunsch nach der Geburt eines gesunden Kindes eine große Bedeutung erlangt hat. So nehmen fast alle werdenden Mütter Vorsorgemaßnahmen wahr, die über die in den Mutterschaftsrichtlinien empfohlenen Untersuchungen hinausgehen (Schäfers & Kolip 2015). Aber auch die genetische Diagnostik hat sich in den letzten Jahren deutlich weiterentwickelt.

5.2 Diagnostische Verfahren

Nicht nur für Frauen, die trotz fortgeschrittenen Alters schwanger werden, erscheint die Pränataldiagnostik als eine Option der medizinischen Forschung, um das damit verbundene erhöhte Risiko der Geburt eines Kindes mit Chromosomenanomalien oder angeborenen Erkrankungen zu vermeiden. Durch invasive Techniken wie die Analyse fetaler Zellen im Fruchtwasser ist es möglich, genetische Untersuchungen durchzuführen und somit Erkrankungen wie das Down-Syndrom zu diagnostizieren. Neuere Entwicklungen ermöglichen diese Diagnostik nun auch mittels einfacher Bluttests (Baldus 2016).

Das Problem bei diesem oft routinemäßigen Vorgehen im Rahmen der Schwangerschaftsvorsorge ist, dass die meisten Paare sich nicht darüber im Klaren sind, dass es zu einem auffälligen Befund kommen kann. In der Regel steht der Wunsch nach Bestätigung einer gesunden Schwangerschaft im Vordergrund. Wenn das Ergebnis der Diagnostik vorliegt und eine Erkrankung des Fötus festgestellt wird, sind die Eltern jedoch oft überfordert mit den dann anstehenden notwendigen Entscheidungen. Es ist wichtig zu betonen, dass pränatale Untersuchungen nur dann sinnvoll sind, wenn das Paar im äußersten Fall bereit ist, eine Schwangerschaft abzubrechen. Außerdem darf nicht außer Acht gelassen werden, dass das flächendeckende Angebot von pränatalen Untersuchungen in Deutschland, das hohe diagnostische Sicherheit bietet, den Eindruck erwecken kann, dass Kinder mit

Behinderungen »verhindert« werden könnten. Es ist ethisch problematisch, wenn Paare, die sich gegen diese Diagnostik entscheiden, weil sie das Ungeborene bedingungslos akzeptieren möchten und dann ein Kind mit Behinderung bekommen, sich zunehmend dem Vorwurf ausgesetzt fühlen, selbst schuld an ihrer Situation zu sein, als seien sie ihren Verpflichtungen im Rahmen der Schwangerschaftsvorsorge nicht nachgekommen. Diese Entwicklung fördert eine gesellschaftliche Tendenz zu ethisch bedenklichen Bewertungsmaßstäben hinsichtlich elterlicher Verantwortung und pränataler Fürsorge (vgl. Baldus 2016).

Die Präimplantationsdiagnostik (PID) ist eine umstrittene diagnostische Methode, die seit 2011 in Deutschland gesetzlich erlaubt ist. Sie ermöglicht eine genetische Untersuchung von Embryonen, die durch In-vitro-Fertilisation (künstliche Befruchtung) erzeugt wurden. Das Erbgut der Embryonen wird vor dem Transfer in die Gebärmutter der Frau auf krankheitsrelevante Mutationen oder Chromosomenanomalien untersucht. Die Regelungen für die Präimplantationsdiagnostik sind im Embryonenschutzgesetz (EschG) festgelegt und setzen sehr strenge Maßstäbe dafür, in welchen Fällen diese Diagnostik eingesetzt werden darf.

Die PID ermöglicht eine Beurteilung der Entwicklungsfähigkeit und der genetischen Gesundheit von künstlich befruchteten Embryonen bereits vor dem Transfer in den Körper der Frau. Ein Argument für diese invasive Diagnostik ist der Wunsch von Paaren mit einer starken genetischen Vorbelastung, durch diese Methode die physischen und emotionalen Belastungen eines späten Schwangerschaftsabbruchs vermeiden zu können. In Deutschland ist sie auch in fortgeschrittenen Schwangerschaftsstadien erlaubt.

Allerdings gibt es auch schwerwiegende Gegenargumente: Bei der PID handelt es sich um eine eindeutige Bewertung menschlichen Lebens, die durch das Verfahren der In-vitro-Fertilisation erleichtert wird, da die Bewertung unter dem Mikroskop erfolgt. Es ist zu befürchten, dass dies langfristig den Weg zu einem »Designerbaby«, also einem genetisch optimierten Kind eröffnen könnte. Es besteht auch die Gefahr, dass wie bei den beschriebenen Folgen durch die Einführung der Pränataldiagnostik behinderte Kinder und ihre Eltern zunehmend diskriminiert werden und die Solidarität in der Gesellschaft gefährdet wird.

5.3 Social Freezing

Eine der neuesten Entwicklungen in der Reproduktionstechnologie, die gerne auch als Förderung der Selbstbestimmung von Frauen bezeichnet wird, ist das so genannte Social Freezing. Dabei werden jungen Frauen nach hormoneller Stimulation Eizellen entnommen, um sie für eine reproduktionsmedizinische Behandlung zu einem späteren Zeitpunkt einzufrieren. Dieses Verfahren verdeutlicht besonders gut den feministischen Ansatz: »[...] je mehr Frauen selbst über ihren Körper bestimmen können, desto mehr können dies auch andere« (Rommelspacher 2002, S. 2).

Die vermeintliche Autonomie kann sich schnell als Trugschluss erweisen. Einige internationale Technologieunternehmen haben bereits angekündigt, die hohen Kosten des Social Freezing für ihre Mitarbeiterinnen zu übernehmen, um hochqualifizierte Frauen im Beruf zu halten. Es ist eine Wette auf die Zukunft: Auch, wenn die Wahrscheinlichkeit einer Schwangerschaft mit jungen Eizellen höher ist, kann der Erfolg für jede einzelne Frau nicht vorhergesagt werden. Frauen werden so zu Teilnehmerinnen eines langfristigen medizinischen Experiments. Und die meisten, darunter oft auch alleinstehenden Frauen, müssen viel Geld für ihre Rolle in diesem Experiment investieren. Es wirft Fragen auf, ob es sinnvoll ist, die Lebensplanung auf ein solches Verfahren zu stützen. Darüber hinaus werden diese Frauen in der Regel nicht ausreichend darüber informiert, dass es oft mehrere Versuche einer künstlichen Befruchtung bedarf, um möglicherweise erfolgreich zu sein.

Dieses neue Verfahren zeigt besonders deutlich, wie schnell ethische Grenzen verschwimmen können. Ursprünglich wurde diese

5.3 Social Freezing

Methode entwickelt, um die Fortpflanzungsfähigkeit junger Frauen, die an Krebs erkrankt waren und sich einer fertilitätsschädigenden Chemotherapie unterziehen mussten, zu erhalten. Heutzutage soll sie Bestandteil einer optimierten Karriereplanung von Frauen sein. Bisher wird die Nachfrage in Deutschland jedoch als niedrig bezeichnet, auch weil viele Frauen, aufgrund falscher Erwartungen und geringem Kenntnisstand über die Notwendigkeit, möglichst früh Eizellen zu gewinnen, zu spät dieses Verfahren in Erwägung ziehen (Schochow, Rubeis, Büchner-Mögling, Fries & Steger 2018).

Wissenschaftlerinnen und Wissenschaftler fordern eine umfassende Aufklärung von Frauen, die Social Freezing in Betracht ziehen, denn auch hier müssen die Nachteile einer am Ende notwendigen reproduktionsmedizinischen Behandlung thematisiert werden, damit Social Freezing nicht als Fruchtbarkeitsversicherung missverstanden wird (Nawroth et al. 2012, S. 532):

- Die Überlebensrate der eingefrorenen Eizellen beträgt ca. 80–90 %, d. h. nach dem Auftauen sterben 10–20 % der Eizellen ab.
- Die Befruchtungsrate nach ICSI (Intrazytoplasmatische Spermieninjektion, das notwendige Verfahren zur künstlichen Befruchtung) liegt bei 60–70 %, d. h. etwa 1/3 der Eizellen können nicht befruchtet werden.
- Die Geburtenrate pro aufgetauter Eizelle beträgt ca. 8 %.
- Die Patientin sollte über die mit dem Alter steigenden Risiken während der Schwangerschaft aufgeklärt werden. Ein Embryotransfer ab dem 50. Lebensjahr sollte vermieden werden.

5.4 Eine gewünschte Schwangerschaft bleibt aus – Medizinische Wege zum Kind

Wenn die Empfängnisverhütung abgesetzt wird, dauert es in der Regel sechs bis zwölf Monate, bis eine Schwangerschaft eintritt (Raith, Frank & Freundl 2013). Nach der Definition der WHO (Weltgesundheitsorganisation) gilt ein Paar dann als unfruchtbar, wenn sich trotz regelmäßigem, ungeschütztem Geschlechtsverkehr innerhalb eines Jahres keine Schwangerschaft einstellt (Wischmann 2012). Bleibt also der Kinderwunsch nach einem Jahr unerfüllt, wenden sich die Frauen meist an ihre Gynäkologin und die Männer – meist deutlich später – an einen Urologen, um die notwendigen Untersuchungen zur Identifizierung von körperlichen Fruchtbarkeitseinschränkungen durchzuführen. Lassen sich Diagnosen stellen, werden notwendige medizinische Behandlungen begonnen. Angeboten werden zum Beispiel Hormonbehandlungen und gynäkologische Eingriffe bei den Frauen, um die Durchgängigkeit der Eileiter zu verbessern und medikamentöse und auch operative Eingriffe bei den Männern, sollte ein schlechtes Spermiogramm vorliegen.

Psychische Faktoren spielen eine geringere Rolle, als im Allgemeinen in der Bevölkerung angenommen wird, und so liegt die Prävalenz verhaltensbedingter Infertilität bei konservativer Schätzung bei ca. 5 Prozent. Das Alter der Frau ist bei Kinderwunsch der wichtigste prognostische Faktor für die Geburt eines Kindes (Wischmann 2012). Nach der Leitlinie »Psychosomatisch orientierte Diagnostik und Therapie bei Fertilitätsstörungen« liegt psychosozial (mit-)bedingte Fertilitätsstörung vor,

- wenn ein Paar trotz Aufklärung durch den Arzt weiter die Fruchtbarkeit schädigendes Verhalten praktiziert (z. B. Ernährungsweise – v. a. Über- bzw. Untergewicht –, Hochleistungssport, Genussmittel- bzw. Medikamentenmissbrauch),

5.4 Eine gewünschte Schwangerschaft bleibt aus – Medizinische Wege zum Kind

- wenn ein Paar keinen Geschlechtsverkehr an den fruchtbaren Tagen praktiziert bzw. eine nicht organisch bedingte sexuelle Funktionsstörung vorliegt und
- wenn ein Paar eine aus medizinischer Sicht notwendige Kinderwunschtherapie zwar bewusst bejaht, diese aber – auch nach langer Bedenkzeit – doch nicht beginnt (Dorn & Wischmann 2020).

Inwieweit psychischer Stress und unbewusste innere Konflikte eine Rolle für eine (vorübergehende) Unfruchtbarkeit eines Paares spielen, bleibt ungewiss, da es bisher keine seriösen psychosomatischen Untersuchungen gibt, die deren Einfluss gesichert nachweisen könnten. Auch wenn eine wissenschaftliche Plausibilität für stressbedingte hormonelle Störungen vorliegt.

Sind die Behandlungen bei den niedergelassenen Gynäkologinnen bzw. Urologen erfolglos, ist der nächste mögliche Schritt, sich an ein Reproduktionsmedizinisches Zentrum zu wenden. Folgende Maßnahmen der assistierten Reproduktion (ART) sind in Deutschland erlaubt.

Insemination: Bei leichten Einschränkungen im Spermiogramm des Mannes kann eine Samenübertragung durchgeführt werden. Der Samen wird durch Masturbation gewonnen, im Labor aufbereitet und während des Eisprungs mit einem dünnen Schlauch direkt in die Gebärmutter oder den Eileiter eingebracht. Diese Methode gilt nach maximal sechs vergeblichen Behandlungsversuchen als erfolglos.

Fremdsamenspende: Wenn im Ejakulat des Mannes keine oder nur wenige befruchtungsfähige Spermien vorhanden sind, bei Erbkrankheiten in der Familie des Mannes, bei alleinstehenden Frauen oder bei lesbischen Paaren kann eine Fremdsamenspende in Frage kommen. In Deutschland ist das Recht von Kindern, die durch donogene Reproduktionsverfahren gezeugt wurden, Auskunft über ihre biologische Abstammung zu erhalten, ein wichtiger Grundsatz, der sowohl durch die nationale Gesetzgebung als auch durch internationale Übereinkommen geschützt wird. Es spiegelt die Bedeutung des Rechts auf Kenntnis der eigenen Abstammung für die persönliche Identität und das Wohl des Kindes wider (Stjepanović 2018).

Durch die Ausweitung der Dokumentationsfrist für die Behandlungsunterlagen auf mindestens 30 Jahre im Jahre 2007 wurde die Möglichkeit für betroffene Kinder deutlich erhöht, die Identität ihres biologischen Vaters zu erfahren, sofern die Eltern das Kind entsprechend aufklären, was häufig nicht der Fall ist (Dorn & Wischmann 2020). Aus psychologischen, familiendynamischen und ethischen Gründen sollten die Kinder aufgeklärt werden, um die oft dramatischen Folgen einer zufälligen Entdeckung ihrer Zeugungsart durch Samenspende zu verhindern, die das Eltern-Kind-Verhältnis dauerhaft beschädigen und das Kind in seiner Identitätsentwicklung beeinträchtigen können.

Bei lesbischen Paaren und bei alleinstehenden Frauen ist die Behandlung mit Fremdsamen ethisch umstritten, gleichwohl nimmt die Häufigkeit der Inanspruchnahme zu. Sind lesbische Paare verpartnert oder verheiratet, kann die Co-Mutter das Kind nach der Geburt adoptieren. Positiv hervorzuheben ist, dass Kinder von lesbischen Paaren und alleinstehenden Müttern häufiger aufgeklärt werden als von heterosexuelle Eltern (Thorn 2014) und Kinder in gleichgeschlechtlichen Lebenspartnerschaften sich nach dem aktuellen Forschungstand genauso gut entwickeln wie in anderen Familienformen (Rupp 2009).

Da in der Vergangenheit häufig die Geheimhaltung dieser Zeugungsmethode gegenüber den Kindern gewählt wurde, gibt es keine aussagekräftigen Studien, die ihre langfristigen Auswirkungen untersucht haben. Die aktuelle Datenlage deutet aber darauf hin, dass die Kinder frühzeitig aufgeklärt werden und die Möglichkeit zu einem Kontakt zu dem Spender haben sollten.

Aufgrund der Notwendigkeit eines offenen Umgangs mit einer Samenspende sollte eine psychosoziale Beratung ein Behandlungsbestandteil sein, damit das Paar über seine Haltung und auch die Rolle des Spenders miteinander ins Gespräch kommen kann (Dorn & Wischmann 2013).

Es ist darauf hinzuweisen, dass dieses Verfahren letztlich rechtlich schwer kontrollierbar ist, obwohl das Recht des Kindes auf Kenntnis seiner leiblichen Abstammung grundgesetzlich geschützt ist, da es

5.4 Eine gewünschte Schwangerschaft bleibt aus – Medizinische Wege zum Kind

die Möglichkeit gibt, sich über das Internet von spendewilligen Männern, aber auch von Zentren im Ausland mit Samen beliefern zu lassen. Oft mit dem ausdrücklichen Wunsch nach Anonymität. Soll der Spender nicht anonym sein, ist das Sperma in der Regel teurer.

In-vitro-Fertilisation (IVF): Bei der In-vitro-Fertilisation erfolgt die Verschmelzung von Ei- und Samenzelle außerhalb der Gebärmutter in einer Petrischale. Ursprünglich wurde die IVF-Methode bei verschlossenen Eileitern und sehr eingeschränkter Spermienqualität angewendet. Sie kommt aber zunehmend zur Anwendung, wenn die konventionellen Verfahren nicht erfolgreich waren bzw. die Frauen sehr unter Druck stehen, weil »die biologische Uhr« tickt und sie möglichst keine Zeit verlieren wollen. Durch eine hormonelle Stimulation wird die Bildung von möglichst vielen Eizellen angeregt, damit überzählige für weitere Behandlungszyklen (Kryozyklen) gewonnen werden können. Die Eizellen werden durch einen minimalinvasiven Eingriff aus dem Eierstock über die Scheide abgesaugt und in einer Nährlösung mit dem Samen des Mannes zusammengebracht. Kommt es zu einer Befruchtung, können bis zu drei befruchtete Eizellen in die Gebärmutter übertragen werden. Um Mehrlingsschwangerschaften zu verhindern, die für die Frau und auch die Kinder immer ein schweres Gesundheitsrisiko bedeuten können, wird empfohlen, nur zwei befruchtete Eizellen zurückzusetzen (Wischmann & Stammer 2024).

Intrazytoplasmatische Spermieninjektion (ICSI): Eine Weiterentwicklung der In-vitro-Fertilisation ist die intrazytoplasmatische Spermieninjektion: Ein einzelnes Spermium wird unter dem Mikroskop in einer speziellen Pipette aufgezogen und außerhalb des Körpers direkt in die Eizelle injiziert. Dieses Verfahren wird vor allem bei männlicher Infertilität angewendet, wenn die Spermien (wenige oder unbewegliche) nicht in der Lage sind, die Hülle der Eizelle zu durchdringen. Die befruchtete Eizelle wird dann wie bei der IVF in den Körper der Frau eingebracht (Wischmann & Stammer 2024).

5.5 Weitere, in Deutschland nicht zugelassene Maßnahmen

Embryonenspende: Kaum in die Öffentlichkeit gedrungen ist die Tatsache, dass zwischenzeitlich auch in Deutschland die Embryonenspende praktiziert wurde. Ähnlich wie bei der Adoption wachsen damit Kinder bei Eltern auf, mit denen sie genetisch nicht verwandt sind, obwohl die soziale Mutter das Kind ausgetragen und das soziale Elternpaar die Schwangerschaft gemeinsam erlebt hat. Gemäß den Informationen des anbietenden Netzwerkes bleibt das Spenderpaar für das Wunschelternpaar grundsätzlich anonym. Nach den geltenden gesetzlichen Bestimmungen werden die Daten der Spender derzeit mindestens 100 Jahre aufbewahrt für das Kind (Netzwerk Embryonenspende 2021). Falls die sozialen Eltern aber nicht aufklären, hat das auf diesem Wege ausgetragene Kind keine Möglichkeit, seine biologische Herkunft zu erfahren. Wie sich ein solches Geheimnis auf die Familiendynamik und die Persönlichkeitsentwicklung des Kindes auswirkt, darüber kann zurzeit nur spekuliert werden.

Eizellspende: In Deutschland ist die Eizellspende aufgrund des Embryonenschutzgesetzes im Gegensatz zur Samenspende verboten. Dieses Verbot wird mit dem stark invasiven Eingriff in den weiblichen Körper und dem damit verbundenen Verletzungsrisiko und dem Ausbeutungsrisiko von Frauen begründet. Aufgrund dieser rechtlichen Situation entscheiden sich finanziell gut gestellte Paare oder alleinstehende Frauen, insbesondere solche im höheren Alter oder mit eingeschränkter ovarieller Funktion, häufig für eine Fruchtbarkeitsbehandlung mit einer gespendeten Eizelle in Spanien, Tschechien oder anderen Ländern. Ein besonderes Problem dabei ist, dass die Voraussetzung für die Eizellspende in diesen Ländern die Anonymität der Spenderin ist. Dies bedeutet, dass es dem Kind später unmöglich gemacht wird, seine biologische Mutter zu identifizieren. Sein Recht auf Kenntnis seiner biologischen Herkunft wird ihm oder ihr dadurch verwehrt (Wischmann 2012).

5.5 Weitere, in Deutschland nicht zugelassene Maßnahmen

Leihmutterschaft: Noch komplizierter gestaltet sich die rechtliche Lage bei der Leihmutterschaft. Das Auswärtige Amt informiert auf seiner Website nicht nur darüber, dass bereits die Vermittlung einer Leihmutter in Deutschland strafbar ist, sondern auch, dass sich Paare, die ihren Kinderwunsch auf diesem Weg im Ausland erfüllen möchten, in Bezug auf die Rechtslage und das Wohl des Kindes auf schwierigem Terrain bewegen. Die Rechtslage ist eindeutig: Die genetische Abstammung eines Kindes aus einer Leihmutterschaft begründet grundsätzlich kein rechtliches Abstammungsverhältnis zu den »Wunscheltern«. Nach deutschem Recht ist die Frau, die das Kind geboren hat, also die Leihmutter, die rechtliche Mutter des Kindes. Dies bedeutet, dass eine deutsche »Wunschmutter« nach deutschem Recht nicht mit dem Kind verwandt ist und dem Kind folglich nicht die deutsche Staatsangehörigkeit vermittelt (Auswärtiges Amt 2016). Dagegen kann ein deutscher »Wunschvater« durch einen rechtsgültigen Abstammungsnachweis zweifelsfrei die deutsche Staatsangehörigkeit für das Kind sichern und somit einen Anspruch auf einen deutschen Reisepass ermöglichen – weil er der biologische Vater ist. Ohne entsprechende Ausweispapiere ist eine Ausreise des Kindes nach Deutschland nicht möglich.

Leihmutterschaft ist nicht nur mit hohen finanziellen Kosten verbunden, die nur von einem kleinen Teil der Bevölkerung getragen werden können, sondern auch mit hohen emotionalen Belastungen für alle Beteiligten, bedingt durch die Illegalität und die daraus resultierenden Konsequenzen, die eine Geheimhaltung nahezu unumgänglich machen. Die körperliche und psychische Situation der Leihmütter und die Auswirkungen ihrer Schwangerschaft auf ihr familiäres und soziales System werden in der Regel von den Paaren und den durchführenden reproduktionsmedizinischen Zentren ausgeklammert (Ahrbeck 2024).

Für alle Verfahren der Reproduktionsmedizin, bei denen die Spende von Eizellen oder Spermien eines Dritten oder vierten Elternteils verwendet wird, bedeutet dies, dass zur Erfüllung eines persönlichen Wunsches die Dienste anderer Personen in Anspruch genommen werden müssen, die für das Kind eine potenzielle Bedeutung haben. Für die Eizellspenderin bzw. die Leihmutter sind diese Verfahren zudem mit erheblichen körperlichen Risiken verbunden. Die Überwindung biologischer Grenzen stellt auch einen soziokulturellen Tabubruch dar, der bisher nicht gekannte soziale Beziehungen und Verwandtschaftsverhältnisse schafft und tief verwurzelte Vorstellungen von der eigenen Herkunft auflöst (Reprokult Frauen Forum 2002). Es darf nicht verleugnet werden, dass Leihmutterschaft mit einer Kommerzialisierung und Instrumentalisierung von weiblichen Körpern und Frauenleben verbunden ist.

5.6 Gesundheitliche Risiken und psycho-soziale Folgen für die Eltern-Kind-Beziehung bei assistierter Reproduktion (ART)

Nach einer In-vitro-Fertilisation (IVF) und einer Intrazytoplasmatischen Spermieninjektion (ICSI) treten vermehrt Mehrlingsschwangerschaften auf, auch wenn diese in den letzten Jahren deutlich zurückgegangen sind, weil die Rückführungsmöglichkeit von drei Eizellen deutlich weniger häufig in Anspruch genommen wurden (DIR 2022). Mehrlingsschwangerschaften bedeuten erhebliche medizinische und psychische Risiken für die werdende Mutter und die Kinder (Frühgeburtlichkeit, Schwangerschaftskomplikationen, Überlastung der Paare nach der Geburt etc.). Wenig bekannt ist, dass Einlinge nach assistierter Reproduktion ein niedrigeres Geburtsgewicht haben als Kinder, die auf natürlichem Weg gezeugt wurden und eine höhere Frühgeburtlichkeit besteht, mit allen damit verbundenen Risiken für die körperliche und kognitive Entwicklung (Dorn & Wischmann 2020, S. 493). Auch das Risiko für chromosomale Anomalien für Kinder nach IVF bzw. ICSI ist im Vergleich zu spontan gezeugten Kindern erhöht, zudem ist nach assistierter Reproduktion bei jeder 12. Schwangerschaft mit einer schweren Fehlbildung zu rechnen (nach einer Spontankonzeption bei jeder 15. Schwangerschaft; Kentenich et al. 2014).

Welche Auswirkungen die beschriebenen somatischen Besonderheiten und Problematiken der Zeugung auf den Übergang zur Elternschaft sowie die Eltern-Kind-Beziehung haben, wurde von der Forschung bisher wenig untersucht (Kowalcek 2016).

Yvonne Gassmann (2018) hat ein besonderes Anforderungsprofil bei nicht genetischen Eltern beschrieben, welches im Folgenden auch auf Kinder nach assistierter Reproduktion (ART) ausgeweitet wird. Sie beschreibt die Eltern in einem Spannungsfeld im Rahmen der Dimension *Sinnhaftigkeit* mit dem Wunsch nach Elternschaft auf der einen Seite sowie der Dimension *Erwartungen* zwischen hohen Selbsterwartungen und den gesellschaftlichen Erwartungen.

Es kann ein zentraler Konflikt beschrieben werden zwischen dem Wunsch nach dem Anschein einer »Normalfamilie« mit der Gefahr der Verleugnung der Zeugungsmethode und der genetischen Eltern(teile), die häufig keinen Platz im Leben ihrer Kinder haben sollen, und dem Wunsch, die Kinder aufzuklären. Die hohen Selbsterwartungen führen wahrscheinlich zu dem Forschungsergebnis, dass die ART-Mütter über eine geringere elterliche Kompetenz berichten. Zudem gibt es Hinweise, dass die Erfahrung der Unfruchtbarkeit im Lebenslauf weiterhin präsent bleibt. Weiterhin werden bei den meisten Studien Mehrlingseltern und Eltern mit Geburtskomplikationen ausgeschlossen, somit sind die psychosozialen Risiken für diese Teilgruppe wenig untersucht (Kowalcek 2016).

5.7 Entwicklungsaufgaben für die sozialen Eltern bei Gametenspende und Leihmutterschaft

Nach einer häufig sehr langen Leidenszeit mit vielen erfolglosen Behandlungsversuchen besteht die Entwicklungsaufgabe der Eltern darin, sich eine positive Identität als Mutter bzw. Vater zu erarbeiten. Einem Gefühl der Minderwertigkeit, nicht der richtige (biologische) Elternteil zu sein, ist aktiv entgegenzutreten. Es geht darum, diese Ambivalenzen bewusst wahrzunehmen und der Versuchung zu widerstehen, die genetische Herkunft des Kindes zu verleugnen. Das heißt, das Recht des Kindes zu achten, seine genetische Herkunft zu kennen und selbstbestimmt mit dieser Tatsache umzugehen. Bei möglichen Verhaltensauffälligkeiten des Kindes gilt es diese kritisch zu hinterfragen zwischen den Polen der Normalisierung (»Unser Kind hat Schwierigkeiten wie viele andere Kinder auch«) und der Projektion eigener Ängste (»Das Kind spürt, dass ich ›nur‹ die soziale Mutter/der soziale Vater bin«).

Nach der langen Wartezeit auf das Wunschkind ist die Sehnsucht der Eltern nach Normalität sehr hoch. Selbst wenn die Eltern vor Aufnahme der Behandlung den Vorsatz hatten, ihr Kind aufzuklären, fällt es ihnen oft schwer, den richtigen Zeitpunkt zu finden. Kinder haben ein Recht, ihre biologische Herkunft zu kennen, demgegenüber steht jedoch das Recht der Eltern, darüber zu entscheiden, ob und wann das Kind etwas über seine bzw. ihre Herkunft erfährt. In diesem Zusammenhang ist es wichtig zu betonen, dass die Geheimhaltung der biologischen Herkunft des Kindes die Identitätsentwicklung des Kindes beeinträchtigen kann. Ein solches Geheimnis belastet das Familienklima und kann möglicherweise am Ende das Vertrauen des Kindes zu den Eltern zerstören. Eltern müssen bereit sein, das Thema der biologischen Herkunft im familiären Kontext von Anfang an kindgerecht zu besprechen und die Verbindungen des Kindes zum biologischen Elternteil und dessen Familie anzuerkennen und zu unterstützen. Bei sehr aktiven Samenspendern muss zum Beispiel auch mit vielen Halbgeschwistern gerechnet werden. Einige solcher Fälle wurden bereits in der Presse veröffentlicht. Grundsätzlich kann bei einer anonymen Samenspende die Anzahl der Halbgeschwister des so gezeugten Kindes nicht ermittelt werden.

Die Stellungnahme des Vereins Spenderkinder zur Forderung nach einer »zeitgemäßen Gesetzgebung« erscheint ein wichtiger Beitrag von betroffenen Menschen (Spenderkinder e.v. 2019; Zusammenfassung der Autorin):

- *Fragwürdige Berufung auf angebliche Diskriminierungen.* Fortpflanzungsfreiheit ist ein Abwehrrecht und beinhaltet keinen Anspruch, Eltern zu werden. Zwischen Eizellabgabe und Samenabgabe bestehen erhebliche Unterschiede, denn es ist keine klare Unterscheidung zwischen biologischer Mutter und sozialer Mutter möglich. Zudem sind Eizellabgaben mit Gesundheitsgefahren für die Spenderin durch die hormonelle Stimulation und den operativen Eingriff verbunden. Ein Risiko der Kommerzialisierung existiert auch dann, wenn in Deutschland ausdrücklich die altruistische Spende gefordert wird (Kentenich, Sibold, Stief, Tandler-Schneider & Siemann 2020). Allerdings wird es immer um eine Aufwandsentschädigung gehen, und gerade jüngere, finanziell schlecht gestellte Frauen neigen in den Ländern, in denen das Verfahren erlaubt ist, dazu, die Eizellspende als Erwerbsquelle zu nutzen.
- Es besteht ein grundsätzlicher Unterschied zur Adoption, denn der Wunsch der Eltern steht im Vordergrund, dass das Kind sich wie ein Eigenes anfühlt. Äußerlich unterscheidet sich die Schwangerschaft ja nicht von der Schwangerschaft mit einem auf natürlichem Weg gezeugten Kind.
- *Konzept der »Spende« wird nicht hinterfragt.* Der unbekannte genetische Elternteil wird von den Spenderkindern als Person angesehen und die Vertreter und Vertreterinnen der Spenderkinder betonen das hohe Kränkungspotential für die Kinder, Produkt eines technisch-rechtlichen Akts zu sein.

- Den Spenderkindern erscheint wichtig, dass sich emotionale Eltern-Kind-Beziehungen nicht durch rechtliche Zuordnungen umfassend regeln lassen. Alle Kinder und ihre Eltern beschäftigen sich mit den Fragen, woher bestimmte Eigenschaften kommen. In der psychologischen Forschung beschäftigen wir uns zunehmend mit einer Mehrgenerationenperspektive bei der Entwicklung, auf die Spenderkinder oft keinen Zugang haben.
- *Es entsteht ein interessantes reproduktionsmedizinisches Paradoxon.* Bei den Paaren wird durch die Inanspruchnahme von donogenen Verfahren eine eigene genetische Verbindung zu einem Wunschelternteil im Gegensatz zu einer Adoption immer bevorzugt, aber die genetische Verbindung der Spenderkinder zum genetischen Elternteil soll keine Rolle spielen.
- *Idealisierung der Situation von Wunschkindern.* Kinder, die durch reproduktionsmedizinische Verfahren entstehen, sind Wunschkinder, was grundsätzlich eine gute Startbedingung für die psychologische Entwicklung von Kindern ist. Das Kindeswohl kann trotzdem im Verlauf der Elternschaft gefährdet sein, wenn z. B. die Auswirkungen der »Verletzbaren Elternschaft« verleugnet werden und die Kinder über ihre genetische Herkunft nicht aufgeklärt werden.
- *Repräsentative Studien* zum Erleben erwachsener Spenderkinder und zur Kindesentwicklung existieren nicht und sind auch forschungsmethodologisch nicht durchführbar.
- *Einseitige Betrachtung des Kindeswohl zur Durchsetzung fragwürdiger reproduktionsmedizinischer Maßnahmen.* Die körperlichen Risiken für die Kinder und die Spender (Leihmütter) werden verleugnet bzw. bewusst in Kauf genommen.

5.8 Erfolge reproduktionsmedizinischer Maßnahmen

In Deutschland sind wir in der glücklichen Lage, die Zahlen der reproduktionsmedizinischen Maßnahmen sehr gut zu kennen, da das Deutsche IVF-Register eine zuverlässige und kontinuierliche Auswertung der Behandlungsergebnisse der meisten Kinderwunschzentren liefert. Daher eine kurze Zusammenfassung der aktuellen Daten (DIR 2022):

Die Anzahl der plausiblen Behandlungszyklen betrug 2022 123.332 Zyklen. Eine Behandlung zur Eizell-Entnahme startete in 65,8 % der Zyklen, d. h. nur zwei Drittel der begonnenen Behandlungen enden mit der Übertragung eines Embryos. Die Schwangerschaftsraten pro Embryotransfer im Frischzyklus betrugen im Jahr 2022 30,7 %, die Schwangerschaftsraten im Kryozyklus (also bei der Übertragung von aufgetauten Embryonen von vorausgehenden Behandlungszyklen) pro Embryotransfer im Jahr 2022 30,6 %. Beachtenswert ist die Altersabhängigkeit von Schwangerschafts- und Geburtenraten. Haben Frauen in der Altersgruppe von 30–34 Jahren pro Embryotransfer eine Geburtenrate von 31,6 % zu erwarten, sinken in der Altersgruppe von 41–44 Jahren die Schwangerschaftsraten pro Embryotransfer auf 16,7 % und die Geburtenrate auf 8,2 %. Während die Abortraten bis zum 35. Lebensjahr unter 20 % liegen, steigen sie ab dem 36. Lebensjahr deutlich an und liegen bereits mit 38 Jahren höher als die Geburtenrate pro Embryotransfer in Prozent.

Wichtig sind in diesem Zusammenhang auch die kumulativen Schwangerschaftsraten. Laut DIR sind bereits nach zwei Embryotransfers mehr als die Hälfte der Frauen schwanger (Achtung, d. h. nicht, dass diese Schwangerschaften mit der Geburt eines Kindes enden). Nach drei Transfers sind dies 6 von 10 und nach vier Transfers bereits 2 von 3 Kinderwunschpatientinnen. Dabei ist zu beachten, dass jeder Behandlungszyklus mit hohen Kosten für die Paare verbunden ist und die Krankenkassen in der Regel nur für 3

Behandlungszyklen Zuschüsse zahlen, sofern die Frauen das 40. Lebensjahr und die Männer das 50. Lebensjahr nicht überschritten haben. Auch wenn angegeben wird, dass bei mehr als vier Transfers insgesamt 70 % aller Patientinnen schwanger werden, muss beachtet werden, dass bei vielen Paaren bereits sehr viel früher die finanziellen, aber auch psychischen Grenzen dieser Behandlungsverfahren erreicht ist. Jeder Behandlungszyklus ist mit einer großen Hoffnung verbunden und da sich viele frühe, vorerst positive Schwangerschaftstest am Ende nicht bestätigen bzw. in einer Fehlgeburt enden, ist jeder erfolglose Behandlungsversuch mit einer großen psychischen Belastung vor allem der Frau verbunden.

5.9 Kinderlosigkeit – ein gesellschaftliches Problem?

Die vielen Frauen und Paare, die trotz erheblicher finanzieller Aufwendungen und persönlichen Engagements im Rahmen moderner Behandlungsmethoden nicht in der Lage sind, (in höherem Alter) schwanger zu werden, werden in der öffentlichen Wahrnehmung oft übersehen. Wissenschaftliche Studien belegen seit Jahren eine Erfolgsquote von nur etwa 50 % nach den ersten drei von den Krankenkassen finanzierten IVF (In-vitro-Fertilisations) Behandlungen (Dorn & Wischmann 2013). Die Wahrscheinlichkeit einer erfolgreichen Schwangerschaft hängt von vielen Faktoren ab, wobei das Alter der Frau der entscheidende Faktor ist. Das optimale Alter für eine Schwangerschaft liegt weit vor dem 30. Lebensjahr, und die Wahrscheinlichkeit einer Schwangerschaft ist mit etwa 22 Jahren am höchsten.

Daher bleiben viele Frauen, die sich erst nach dem 35. Lebensjahr für eine Schwangerschaft entscheiden, trotz aller medizinischen Bemühungen dauerhaft kinderlos, was in der Öffentlichkeit wenig

5.9 Kinderlosigkeit – ein gesellschaftliches Problem?

bekannt ist. Der so genannte »Pillenknick« hat nicht nur die Kinderzahl von Paaren reduziert, sondern auch den Anteil dauerhaft kinderloser Paare erhöht.

Die Gründe für den späten Kinderwunsch werden häufig egoistischen Motiven zugeschrieben, was Paare mit unerfülltem Kinderwunsch zusätzlich unter Druck setzt. Tatsächlich gibt es aber viele wichtige Gründe, warum Frauen unter den gegenwärtigen gesellschaftlichen Bedingungen die Familienplanung aufschieben. Einer der wichtigsten ist die Unsicherheit über den Fortbestand der Partnerbeziehung, wie die anhaltend hohen Scheidungsraten eindrucksvoll belegen. Alleinerziehende Mütter haben in Deutschland ein erhöhtes Armutsrisiko. Daher ist es sinnvoll, auf die eigene finanzielle Unabhängigkeit zu achten und diese durch eine Berufsausbildung zu sichern. Das Aufschieben der ersten Schwangerschaft ist für die meisten jungen Frauen in der Regel kein Problem, da die Erfolgsgeschichten der modernen Reproduktionsmedizin den Eindruck vermitteln, dass ein solches Verhalten unproblematisch ist (Stammer, Veres & Wischmann 2004).

Das durchschnittliche Alter von Erstgebärenden steigt in Deutschland seit Jahrzehnten kontinuierlich an. So waren im Jahr 2020 Frauen bei der Geburt ihres ersten Kindes 30,2 Jahre alt; 1991 lag dieser Wert bei 26,9 Jahren (Destatis 2022). Da die Fruchtbarkeit an das Lebensalter v. a. der Frau gekoppelt ist, führt die Tendenz, die Familiengründung auf ein höheres Alter zu verschieben, automatisch zu einer Vergrößerung des Anteils der Frauen, die unter Fertilitätsstörungen leiden; 3 Prozent der Geburten entstehen im Durchschnitt mittlerweile durch reproduktionsmedizinische Maßnahmen (BiB 2021). Seit ihrer Einführung sind reproduktionsmedizinische Zentren ein (ökonomisches) Erfolgsmodell. Diese Entwicklung reflektiert weitreichende Veränderungen in der Haltung bezüglich des Zeitpunktes einer Familiengründung: Die Planung einer Schwangerschaft wird von vielen Frauen und hier v. a. von Akademikerinnen in die Lebensphase Mitte bis Ende 30 projektiert, in der die Fruchtbarkeit bereits deutlich abnimmt.

5.10 Welche Aufklärung sollten Jugendliche hinsichtlich der medizinischen Reproduktionsformen in der Schule erhalten?

Die Aufklärung von Jugendlichen über medizinische Reproduktionsformen in der Schule sollte umfassend, altersgerecht und wissenschaftlich fundiert sein. Dabei ist es wichtig, ein breites Spektrum an Themen abzudecken, von den biologischen Grundlagen der menschlichen Fortpflanzung bis hin zu modernen reproduktiven Technologien und den ethischen, sozialen und psychologischen Aspekten, die damit verbunden sind. Folgende Punkte sollten berücksichtigt werden:

1. Grundlagen der menschlichen Fortpflanzung
Die biologischen Grundlagen der menschlichen Fortpflanzung, einschließlich der Funktion der Geschlechtsorgane und der Prozesse von Ovulation, Befruchtung und Schwangerschaft, sind Gegenstand der schulischen Bildung und meist curricular gut verankert.

2. Unfruchtbarkeit und ihre Ursachen
Weniger häufig wird jungen Menschen Wissen über mögliche Ursachen von Unfruchtbarkeit und Subfertilität bei Frauen und Männern sowie über deren Häufigkeit und Behandlungsmöglichkeiten vermittelt. Hier besteht eindeutig ein Nachholbedarf. Hier geht es darum, über fruchtbarkeitsschädigendes Verhalten aufzuklären, wie z. B. Nikotin-, Alkohol- und Medikamentenabusus, Über- bzw. Untergewicht sowie exzessivem Sport.

3. Überblick über reproduktive Technologien
Eine Einführung in verschiedene Formen medizinisch assistierter Reproduktion, wie In-vitro-Fertilisation (IVF), Insemination, Eizell- und Samenspende, Leihmutterschaft und Präimplantationsdiagnos-

5.10 Aufklärung hinsichtlich medizinischer Reproduktionsformen

tik, könnte auch im Kontext des Ethikunterrichts erfolgen. Der Konflikt zwischen dem Recht auf Selbstbestimmung der Paare und dem Kindeswohl kann nicht eindeutig zugunsten einer Seite gelöst werden. Auch die hohe psychische Belastung bei der Durchführung der verschiedenen Behandlungsangebote sollte kritisch reflektiert werden.

Die Aufklärung sollte darauf abzielen, Jugendliche zu informieren und empathische Individuen zu erziehen, die die Komplexität reproduktiver Entscheidungen verstehen und respektieren. Es ist wichtig, eine offene und vorurteilsfreie Atmosphäre zu schaffen, in der Fragen gestellt und diskutiert werden können, um das Bewusstsein und Verständnis für die Thematik zu fördern.

4. Kritische Auseinandersetzung mit Medienberichten und populärkulturellen Darstellungen von reproduktionsmedizinischen Angeboten, um ein Bewusstsein für die Thematik zu schärfen
Ein kritisches Hinterfragen von Erfolgsraten der Reproduktionsmedizin und das Erkennen seriöser Quellen können informierte Entscheidungen erhöhen.

5. Gesellschaftliche und kulturelle Dimensionen
Die Veränderung traditioneller Familienmodelle sollten vorgestellt und in ihren Konsequenzen betrachtet werden. Gefördert werden sollten Diskussionen darüber, wie die moderne Reproduktionsmedizin traditionelle Vorstellungen von Familie und Elternschaft herausfordert oder verändert. Die Akzeptanz homosexueller Lebensformen sollten dabei gefördert werden und gleichzeitig die psychologischen Konsequenzen für die Kinder, die durch (anonyme) Samen- oder Eizellspende gezeugt werden, in den Blick genommen werden.

Auch sollten die Erwartungen an Elternschaft und Fortpflanzung adressiert werden. Trägt die moderne Reproduktionsmedizin mit der Herstellung der Fantasie, dass ein gesundes Kind garantiert werden kann, wenn alle Möglichkeiten der Pränataldiagnostik ausgeschöpft werden, möglicherweise zu einem gesellschaftlichen Druck bei, Elternschaft und Kinder zu »optimieren«, und verringert die Akzeptanz für angeborene Fehlbildungen bei Neugeborenen?

Es sollte v. a. ein Bewusstsein dafür geschaffen werden, dass es darum gehen muss, gesellschaftspolitische Rahmenbedingungen so zu gestalten, dass Paare nicht aus Angst vor beruflichen Nachteilen und Karrierehindernissen den Zeitpunkt einer Familiengründung immer weiter nach hinten verschieben, um dann an den biologischen Realitäten zu scheitern.

Gute Aufklärungsbroschüren gibt es über die Bundeszentrale für gesundheitliche Aufklärung (BZgA) und ProFamilia (ProFa). Ein bewährter Ratgeber für Paare und Angehörige ist das Buch »Der Traum vom eigenen Kind« von Wischmann & Stammer (2024).

5.11 Fazit

Der Wunsch, eine Familie zu gründen, ist für viele Menschen ein zentrales Lebensziel. Aktuelle gesellschaftliche Entwicklungen führen dazu, dass die Realisierung der Familiengründung in immer spätere Lebensphasen verschoben wird. Die Reproduktionsmedizin scheint eine Lösung für die biologischen Grenzen der Fruchtbarkeit vor allem der Frau zu bieten und verführt zu einer ausufernden Behandlungsdynamik, die am Ende oft nur noch finanzielle und manchmal auch psychische Grenzen kennt. Die Hälfte der Kinderwunschpaare, die letztlich ohne leibliches Kind bleiben, wird durch eine einseitige öffentliche Wahrnehmung der Erfolge der Reproduktionsmedizin marginalisiert und stigmatisiert. Der Wunsch nach Ausweitung der legalen Behandlungsoptionen ist aus frauenpolitischen und sozialethischen Gründen kritisch zu hinterfragen. Es darf auch nicht durch nachträgliche Legalisierung ermöglicht werden, dass materiell ärmere Frauen in anderen Teilen der Welt als Eizellspenderin oder

5.11 Fazit

Leihmutter erhebliche gesundheitliche und psychischen Risiken auf sich nehmen, um Kinderwünsche zu erfüllen.

In der öffentlichen und fachlichen Diskussion wird es zunehmend schwieriger, die Grenzen medizinisch möglicher Behandlungen zu definieren und durchzusetzen. Trotz der zunehmenden Verbreitung reproduktionsmedizinischer Maßnahmen sind die Rechte der zukünftigen Kinder und ihrer leiblichen Eltern, einschließlich der Spendereltern, nach wie vor unzureichend geklärt. Gleiches gilt für die langfristigen psychosozialen Auswirkungen solcher »Patchwork-Familien«, in denen soziale und biologische Elternschaft in vielfältiger Weise auseinanderfallen können. Die sozialwissenschaftliche Forschung steht hier noch am Anfang und kann nur wenige verlässliche Aussagen über die psychosozialen Aspekte und die langfristigen Auswirkungen dieser bisher unbekannten Familienkonstellationen machen.

Nur eine frühzeitige Aufklärung junger Menschen über die menschliche Fortpflanzung und die Risiken, die mit einer Verschiebung der Familiengründung in ein höheres Lebensalter einhergehen, kann die Selbstbestimmung junger Menschen wirklich fördern. Die Politik ist gefordert, Bedingungen zu schaffen, die jungen Familien die Angst vor einer zu frühen Familiengründung nehmen. Gesetzgeber und Arbeitgeberorganisationen sollten familienfreundliche Standards für Arbeitnehmerinnen und Arbeitnehmer einführen, damit die Geburt eines Kindes ein freudiges Ereignis für Mütter und Väter sein kann und nicht in eine kaum zumutbare Belastung für ihre Lebens- und Arbeitsorganisation mündet.

5.12 Literatur

Ahrbeck, B. (2024): Basteln am ich. Springe: Zu Klampen.
Auswärtiges Amt (2016): Hinweise zur Leihmutterschaft. Online verfügbar unter: http://www.auswaertiges-amt.de/de/service/fragenkatalog-node/06-leihmutterschaft/606160, Zugriff am 13.02.2024.
Baldus, M. (2016): Selbstbestimmtes Entscheiden? Zugzwänge und Wirkmächte im Kontext pränataler Diagnostik. In: W. Schaupp & W. Kröll (Hrsg.), Medizin-Macht-Zwang (S. 27–48). Baden-Baden: Nomos.
BiB (Bundesinstitut für Bevölkerungsforschung) 2021: Ungewollt kinderlos – Reproduktionsmedizin und Kinderwunsch heute. Online verfügbar unter: http://www.bib.bund.de/DE/Aktuelles/2021/2021-11-09-BiB-Podcast-Ungewollt-kinderlos.html, Zugriff am 13.02.2024.
BZgA (2022): Jugendsexualität 9. Welle. Partnerschaft und Beziehungen. Online verfügbar unter: https://shop.bzga.de/bzga-repraesentativstudie-jugendsexualitaet-9-welle/, Zugriff am 13.05.2024.
BZgA (2023): Kondom löst Pille als Verhütungsmittel Nummer eins ab. Online verfügbar unter: http://www.bzga.de/presse/pressemitteilungen/2023-11-16-kondom-loest-pille-als-verhuetungsmittel-nummer-eins-ab/, Zugriff am 13.02.2024.
Destatis (2022): Zahl der Woche. Online verfügbar unter: http://www.destatis.de/DE/Presse/Pressemitteilungen/Zahl-der-Woche/2022/PD22_18_p002.html, Zugriff am 13.02.2024.
DIR (2022): Online verfügbar unter: http://www.deutsches-ivf-register.de/perch/resources/dir-jahrbuch-2022-sonderausgabe-fuer-paare.pdf, Zugriff am 13.02.2024.
Dorn, A. & Wischmann, T. (2013): Psychologische Aspekte der Reproduktionsmedizin. Die Gynäkologie, 46 (12), 913–917.
Dorn A. & Wischmann T. (2020): Psychosomatik und psychosoziale Betreuung in der Reproduktionsmedizin. In: K. Diedrich, M. Ludwig & G. Griesinger (Hrsg.), Reproduktionsmedizin (S. 491–507). Berlin: Springer.
Gassmann, Y. (2018): Verletzbar durch Elternschaft: Balanceleistungen von Eltern mit erworbener Elternschaft-ein Beitrag zur Sozialpädagogischen Familienforschung. Weinheim: Beltz Juventa.
Jütte, R. (2003): Lust ohne Last: Geschichte der Empfängnisverhütung von der Antike bis zur Gegenwart. München: CH Beck.
Kentenich, H., Brähler, E., Kowalcek, I., Strauß, B., Thorn, P., Weblus, A. J., Wischmann, T. & Stöbel-Richter, Y. (2014): Leitlinie psychosomatisch orien-

tierte Diagnostik und Therapie bei Fertilitätsstörungen (S. 95). Gießen: Psychosozial.
Kentenich, H., Sibold, C., Stief, G., Tandler-Schneider, A. & Siemann, A. (2020): Warum das Verbot der Eizellspende nicht mehr zeitgemäß ist. gynäkologie+geburtshilfe, 25 (1), 24–27.
Kowalcek, I. (2016): Kommentar zum Beitrag »Wunschkinder – Fördernde und hemmende Einflüsse medizinisch assistierter Reproduktion auf die Persönlichkeits-und Beziehungsentwicklung« von Frau Dr. Karin Lebersorger (neuropsychiatrie 2016; 30, 33–41). neuropsychiatrie, 30, 167–168.
Nawroth, F., Dittrich, R., Kupka, M., Lawrenz, B., Montag, M. & von Wolff, M. (2012): Kryokonservierung von unbefruchteten Eizellen bei nichtmedizinischen Indikationen (»social freezing«). Frauenarzt, 53, 528–533.
Netzwerk Embryonenspende Deutschland e.V. (2021): Häufig gestellte Fragen. Onlie verfügbar unter: http://www.netzwerk-embryonenspende.de/Haeufig_gestellte_Fragen_zur_Embryonenspende_in_Deutschland.pdf, Zugriff am: 10.05.2024.
Raith, E., Frank, P. & Freundl, G. (2013): Natürliche Familienplanung heute: Für Ärzte, Berater und interessierte Anwender. Berlin: Springer.
ReproKult-Frauen Forum Fortpflanzungsmedizin in Kooperation mit der Arbeitsstelle Pränataldiagnostik (Hrsg.) (2002): Einführung. In: Reproduktionsmedizin und Gentechnik: Frauen zwischen Selbstbestimmung und gesellschaftlicher Normierung; Dokumentation der Fachtagung 15. bis 17. November 2001 in Berlin (o. A.). Berlin: o. A.
Rommelspacher, B. (2002): Weibliche Autonomie und gesellschaftliche Normierung. In: ReproKult-Frauen Forum Fortpflanzungsmedizin in Kooperation mit der Arbeitsstelle Pränataldiagnostik (Hrsg.), Reproduktionsmedizin und Gentechnik: Frauen zwischen Selbstbestimmung und gesellschaftlicher Normierung; Dokumentation der Fachtagung 15. bis 17. November 2001 in Berlin (S. 18–24). Berlin: o. A.
Rupp, M. (2009): Die Lebenssituation von Kindern in gleichgeschlechtlichen Lebenspartnerschaften. Köln: Bundesanzeiger.
Schäfers, R. & Kolip, P. (2015): Zusatzangebote in der Schwangerschaft: Sichere Rundumversorgung oder Geschäft mit der Unsicherheit? Online verfügbar unter: http://www.bertelsmann-stiftung.de/fileadmin/files/Projekte/17_Gesundheitsmonitor/Newsletter_Ueberversorgung_in_der_Schwangerschaft_20150727.pdf, Zugriff am 13.02.2024.
Scharmanski, S. & Heßling, A. (2021a): Im Fokus: Kinderwunsch. Jugendsexualität 9. Welle. In: BZgA-Faktenblatt. Bundeszentrale für gesundheitliche Aufklärung (BZgA). Köln.

Scharmanski, S. & Heßling, A. (2021b): Sexualaufklärung in der Schule. Jugendsexualität 9. Welle. In: BZgA-Faktenblatt. Bundeszentrale für gesundheitliche Aufklärung (BZgA). Köln.

Schindele, E. & Koppermann, S. (2001): Auch eine Botschaft der Pille: Selbstbestimmung durch Medikalisierung unseres Körpers? In: ReproKult-Frauen Forum Fortpflanzungsmedizin in Kooperation mit der Arbeitsstelle Pränataldiagnostik (Hrsg), Reproduktionsmedizin und Gentechnik: Frauen zwischen Selbstbestimmung und gesellschaftlicher Normierung; Dokumentation der Fachtagung 15. bis 17. November 2001 in Berlin, (S. 51–55). o. A.: Berlin.

Schochow, M., Rubeis, G., Büchner-Mögling, G., Fries, H. & Steger, F. (2018): Social freezing in medical practice. Experiences and attitudes of gynecologists in Germany. Science and Engineering Ethics, 24, 1483–1492.

Schwarzer, Alice (2010): Die Pille – was für eine Befreiung. Online verfügbar unter: http://www.aliceschwarzer.de/artikel/die-pille-was-fuer-eine-befreiung-154355, Zugriff am 13.02.2024.

Spenderkinder e.V. (2019): Stellungnahme des Vereins Spenderkinder zur Stellungnahme der Leopoldina »Fortpflanzungsmedizin in Deutschland – für eine zeitgemäße Gesetzgebung«. Online verfügbar unter: http://www.spenderkinder.de/stellungnahme-des-vereins-spenderkinder-zur-stellungnahme-der-leopoldina-fortpflanzungsmedizin-in-deutschland-fuer-eine-zeitgemaesse-gesetzgebung, Zugriff am 13.02.2024.

Stammer, H., Verres, R. & Wischmann, T. (2004): Paarberatung und -therapie bei unerfülltem Kinderwunsch. Hogrefe: Göttingen.

Statista (2024): Statistiken zu Geburten. Online verfügbar unter: https://de.statista.com/themen/151/geburten/#topicOverview, Zugriff am 08.05.2024.

Stjepanović, B. (2018): The right of a child started with assisted reproduction aid to get information of its donors: Comparative law solutions, 62, 233–254.

Thorn, P. (2014): Familiengründung mit Samenspende: ein Ratgeber zu psychosozialen und rechtlichen Fragen. Kohlhammer: Stuttgart.

Wischmann, T. (2012): Einführung Reproduktionsmedizin: Medizinische Grundlagen–Psychosomatik–Psychosoziale Aspekte. Stuttgart: Utb.

Wischmann, T. & Stammer, H. (2024): Der Traum vom eigenen Kind: psychologische Hilfen bei unerfülltem Kinderwunsch. Stuttgart: Kohlhammer.

6 Sollte ›queere Theologie‹ Teil einer vielfaltsorientierten inklusiven Religionspädagogik sein? Eine kritische Prüfung

Jantine Nierop

6.1 Einleitung

Diversität, Inklusion und Vielfalt sind in aller Munde – auch in den Kirchen. Unter dem Titel »Vielfalt und Gemeinsinn« publizierte die Evangelische Kirche in Deutschland (EKD) im Jahr 2021 einen Grundlagentext, der untersucht, wie »Pluralität und Diversität auf der einen und Gemeinsamkeit und Gemeinsinn auf der anderen Seite in unserer Gesellschaft ausbalanciert werden können und welchen Beitrag evangelisches Christentum dazu leistet« (Splitt für die EKD 2021, o. S.). Vielfalts- und Diversitätsorientierung zeigt sich auch deutlich in den Vorhaben und Zielsetzungen einzelner evangelischer Landeskirchen. So setzt sich die Evangelische Kirche im Rheinland laut Website zum Ziel, »Vielfalt, Gerechtigkeit und Partizipation in ihren Handlungsfeldern und Entscheidungsgremien zu fördern« (Ev. Kirche im Rheinland 2024a, o. S.). Der Evangelischen Landeskirche in Baden ist es ein wichtiges Anliegen,

> »unsere Kirche gemeinsam noch inklusiver, vielfältiger und möglichst barrierefrei zu gestalten. Alle Menschen sollen an unseren Angeboten teilhaben und ihren Glauben teilen können. Deshalb fragen wir danach, wo Menschen noch benachteiligt, ausgeschlossen oder diskriminiert werden. Wir arbeiten

daran, die Chancengleichheit aller zu verbessern. Wir setzen uns für eine volle und gleichberechtigte Teilhabe von allen Menschen in Kirche und Gesellschaft ein« (Ev. Landeskirche in Baden 2024a, o. S.).

Der Einsatz für die volle und gleichberechtigte Teilhabe aller Menschen hat auch die Religionspädagogik erreicht. Bereits im Jahr 2020 erschien in der Reihe »Religious Diversity and Education in Europa« das Buch »Inklusive Religionspädagogik der Vielfalt. Konzeptionelle Grundlagen und didaktische Konkretionen«. Es enthält 24 Beiträge verschiedener Autorinnen und Autoren. Laut Vorwort von Peter Schreiner verfolgt es die Absicht, »eine inklusive Perspektive auf religionsbezogene Lern- und Bildungsprozesse theoretisch und praktisch zu entfalten« (Schreiner 2020, S. 9). Inklusion steht hier für die Möglichkeit umfassender Teilhabe aller Schülerinnen und Schüler. Dabei geht es nach Schreiner (2020, S. 9) um nichts weniger als den »Anspruch einer allgemeinen Religionspädagogik [...] Religionspädagogisches Handeln soll insgesamt neu ausgerichtet werden«.

Von den Herausgebern Thorsten Knauth, Rainer Möller und der Herausgeberin Annebelle Pithan stammt sowohl die Einleitung als auch die theoretische Grundlegung des Buches. Gleich am Anfang der Einleitung wird der Begriff Heterogenität genau erfasst und auf die Zielsetzung des Buches appliziert:

> »Die Heterogenität von Menschen kommt in unterschiedlichen Dimensionen zum Ausdruck. Menschen unterscheiden sich z. B. hinsichtlich ihres Geschlechts, ihrer sexuellen Orientierung, ihrer kulturellen und religiösen Herkunft, ihres sozialen Status oder ihrer körperlichen und geistigen Ressourcen voneinander. [...] Die hier vorgestellte *inklusive Religionspädagogik der Vielfalt* reflektiert Lernen im Zusammenhang mit den Differenzen, die über Religion, sozialen Status, sexuelle Orientierung und Geschlecht sowie über Dis/Ability entstehen« (Knauth, Möller & Pithan 2020, S. 11).

Auch die theoretische Grundlegung – Schreiners Vorwort benennt sie explizit als den Ort, wo der für das ganze Buch wegweisende Begriff Vielfalt in seiner beschreibenden wie normativen Dimension deutlich wird – benennt an vielen Stellen Geschlecht, Religion und Kultur, soziale(n) Status/Klasse sowie Dis/Abilty als leitende Differenzkategorien (Knauth, Möller & Pithan 2020). Dass Geschlecht oft an erster Stelle genannt wird, überrascht nicht angesichts der Tatsache, dass wir es in der Person von Pithan mit einer langjährigen Autorin geschlechtsbezogener Publikationen zu tun haben. Bekannt ist vor allem ihr im Jahr 1999 gemeinsam mit Sabine Ahrens herausgegebene Buch »KU – weil ich ein Mädchen bin«, das mit einer vielschichtigen und differenzierten Argumentation für einen mädchengerechten Konfirmandenunterricht plädierte und rasch zum Klassiker der geschlechterbewussten kirchlichen Jugendarbeit avancierte. Pithan nimmt darin ausführlich Bezug auf den weiblichen Körper und beschreibt einfühlsam typische Herausforderungen während der Adoleszenz, unter anderem hier:

> »Die in der Gesellschaft virulente negative Bewertung der Menstruation macht es Mädchen schwer, ein im Körper verankertes Selbstbewusstsein als Frau zu entwickeln. Bewusstsein für den eigenen Körper, seine Würde und Verletzbarkeit, ist aber notwendig, um die eigenen Wünsche und Grenzen erkennen und realisieren zu können« (Pithan 1999, S. 32).

Das Buch enthält auch einen Beitrag zu queerer Theologie als »Dimension einer inklusiven Religionspädagogik der Vielfalt« (Söderblom 2020, S. 147), verfasst von Kerstin Söderblom, evangelischer Hochschulpfarrerin in Mainz, die in den letzten Jahren immer wieder zum Thema »queere Theologie« publiziert hat (zuletzt: »Queersensible Seelsorge«; Söderblom 2023). In diesem Aufsatz werde ich zuerst darlegen, wie die in der Einleitung und theoretischen Grundlegung beschriebene zentrale Differenzkategorie Geschlecht in Söderbloms Beitrag stillschweigend durch den wissenschaftlich umstrittenen Begriff Geschlechtsidentität ersetzt wird. Damit wird die Intention des Buches in einem wesentlichen Punkt geschwächt beziehungsweise geradezu unterminiert. Anschließend analysiere ich die Bibelexegesen, auf die sich Söderblom bei ihren Ausführungen beruft. Im dritten und letzten Teil ziehe ich das Fazit mit Blick auf die Frage: Kann beziehungsweise sollte queere Theologie eine Dimension einer inklusiven Religionspädagogik der Vielfalt sein oder nicht? Hier werden auch Entwicklungen im Bereich der evangelischen Landeskirchen in Deutschland beleuchtet.

6.2 Stillschweigende Ersetzung von Geschlecht durch Geschlechtsidentität

Im Beitrag »Queere Theologie als Dimension einer inklusiven Religionspädagogik der Vielfalt« entfaltet Söderblom viele wertvolle Gedanken. Gesellschaftliche und kirchliche Normierungen von Heterosexualität als »das Normale« kritisiert sie zu Recht scharf. Verdeckte Strukturen der Heteronormativität werden entlarvt. Wichtige Freiräume für lesbische und schwule Jugendliche entstehen, wenn gleichgeschlechtliche Liebe und Sexualität als gleichwertige Alternative zur Heterosexualität erscheinen. Kein Schüler und keine Schülerin darf im Religionsunterricht wegen seiner bzw. ihrer sexuellen Orientierung diskriminiert werden. Der schwule Junge und das lesbische Mädchen sind ein »gleichwertiger Teil von Gottes guter Schöpfung. Dafür ist es nicht notwendig, dass sie [...] heterosexuell leben müssen« (Söderblom 2020, S. 147).

Gleich am Anfang des Beitrags fällt allerdings auf, dass Söderblom den Begriff Geschlecht durch den in der Medizin kontrovers diskutierten Begriff Geschlechtsidentität ersetzt.[21] Nur achtzehnmal kommt der Begriff in dem Band vor, davon gleich vierzehnmal bei Söderblom. Weder wird er von ihr definiert oder erläutert, noch begründet sie, weshalb sie anstelle von Geschlecht von Geschlechtsidentität spricht. Programmatisch geschieht dies in ihrer Auslegung von Genesis 1,27. Hier berichtet die so genannte erste Schöpfungserzählung von der Erschaffung des Menschen nach dem Bild Gottes:

---

21 Kritisch bezüglich des Begriffs Geschlechtsidentität sind beispielsweise Aglaja Stirn und Jörg Ponseti (2019) sowie Alexander Korte (2022).

6.2 Stillschweigende Ersetzung von Geschlecht durch Geschlechtsidentität

»Gott schuf den Menschen zu seinem Bilde, zum Bilde Gottes schuf er ihn; und schuf sie als Mann und Frau.« Dazu schreibt Söderblom (2020, S. 17): »Die Gottesebenbildlichkeit der Menschen gilt allen, unabhängig von Herkunft, Hautfarbe, Geschlechtsidentität, Alter, körperlicher Verfassung oder sexueller Orientierung.« Um Ebenbild Gottes zu sein, ist es nach Söderblom (2020, S. 147) nicht notwendig, dass Menschen »sich eindeutig als Mann oder Frau bezeichnen«. Aus diesen Zeilen geht hervor, dass Söderblom unter Geschlechtsidentität eine Art »selbstempfundenes Geschlecht« versteht. Unbestritten ist natürlich, dass die Gottebenbildlichkeit allen Menschen gleichermaßen gilt. Kritisieren möchte ich jedoch, dass es sinnvoll sein könnte, im Rahmen einer inklusiven Religionspädagogik anstelle der Kategorie Geschlecht ein »inneres Geschlechtsgefühl« als Differenzkategorie heranzuziehen. Allenfalls sollte Geschlechtsidentität eine eigene, neue Differenzkategorie bilden.

Da die gleichgeschlechtliche Liebe und Sexualität per definitionem *same-sex attracted* ist, sich also auf das biologische Geschlecht eines Menschen bezieht, untergräbt Söderblom durch die Benutzung eines entkörperten Geschlechterbegriffs gerade ihre eigene Absicht, für die unbegrenzte und allumfassende Anerkennung von homosexuellen Schülern und Schülerinnen einzustehen. Wenn man die faktische Grundlage von Homosexualität dementiert, ist genau dies nicht mehr möglich.

Ebenso läuft Söderbloms vergeistigte Neudefinition von Geschlecht der Gesamtintention des Buches zuwider. Die in der Einleitung und theoretischen Grundlegung von den Herausgeberinnen und Herausgebern hervorgehobene Differenzkategorie Geschlecht fußt auf Materialität und beinhaltet gerade in religiöser Hinsicht eine wichtige Kontingenzerfahrung: Mit seinem realen und unveränderlichen Geschlechtskörper wird jeder Mensch ohne sein Zutun geboren. Eine inklusive Religionspädagogik weiß um geschlechtsspezifische Körpererfahrungen und Bedürfnisse, sie weiß um gesellschaftliche Zuschreibungen an männliche und weibliche Körper und das vielfach belegte Machtgefälle zwischen den Geschlechtern. Ihre Aufgabe ist es, Schüler und Schülerinnen zu ermutigen, ihre verschiedenen Körper in

6 ›Queere Theologie‹ als Teil inklusiver Religionspädagogik?

Selbstakzeptanz anzunehmen, sich jenseits von Geschlechterklischees und einengenden Rollenbildern Freiräume für die eigenen individuellen Eigenschaften und Begabungen zu erkämpfen und dabei stets dezidiert für Gleichberechtigung einzustehen.

Die queere Neudefinition von Geschlecht verschleiert bestehende Machtverhältnisse oder macht sie ganz und gar unsichtbar. Im Rückgriff und mit Verweis auf eine Veröffentlichung von Pithan (1995) warnen die Herausgebenden des Buches Knauth, Möller und Pithan gerade davor, in der Religionspädagogik die Geschlechterdifferenz zu ignorieren. Sie schreiben:

> »Sofern Differenz z. B. im Verhältnis zwischen Männern und Frauen Ungleichheit im Sinne von Benachteiligung konstruiert und legitimiert, sofern sie Menschen zu Objekten erniedrigt, ihren Subjektstatus verhindert, zu Hierarchisierungen beiträgt und keine gleichberechtigten Möglichkeiten zur Subjektwerdung gewährt, ist Differenz ein problematischer Begriff. Andererseits leistet eine allgemeine Religionspädagogik, die bestehende Differenzen wie z. B. die Geschlechterdifferenz ignoriert, androzentrische Sichtweisen Vorschub. Pithan geht es also darum, Differenz religionspädagogisch als hermeneutische Kategorie zu entwickeln, die bestehende Unterschiede sichtbar werden lässt und zugleich als gleichberechtigt gelten lässt« (Knauth, Möller & Pithan 2020, S.19).

Wenn der Begriff Geschlechtsidentität die Kategorie Geschlecht ersetzt und somit ein Mann, der sich als Frau identifiziert, als Frau gilt (und auch statistisch zählt), und umgekehrt, sind Frauen und Männer als solche nicht mehr erkennbar. Bestehende Unterschiede und damit einhergehende Ungleichheiten können dann nicht mehr wahrgenommen, geschweige denn benannt und bekämpft werden. Auf genau diese Folge weist im Buch auch Monika Jakobs (2020, S. 219) hin: »Wenn ›Frauen‹ [...] als Gruppe nicht mehr identifizierbar sind, wird es schwerer kollektive Ansprüche auf Schutz und Unterstützung anzumelden und durchzusetzen.« Die vielen geschlechtsspezifischen Zahlen und Daten, die sie in ihrem Beitrag verarbeitet, beispielsweise zur Koedukation von Jungen und Mädchen, unterstreichen ihren Appell wirkungsvoll.

6.3 Queere Bibelauslegung kritisch analysiert

In Söderbloms Ausführungen zu queerer Theologie als Dimension einer inklusiven Religionspädagogik der Vielfalt spielen vor allem zwei Bibelstellen eine Rolle: aus dem Alten Testament die bereits erwähnte Stelle Genesis 1,27 aus der ersten Schöpfungserzählung sowie aus dem Neuen Testament die Stelle Apostelgeschichte 8,27 aus der Geschichte über den Kämmerer aus Äthiopien, der sich als erster Nichtjude von Paulus taufen lässt. Ihre Auslegungen werden im Folgenden kritisch geprüft.

Söderbloms Bezugnahme auf Genesis 1,27 wurde oben bereits kurz beschrieben. Nach ihr stellt diese Bibelstelle über die Erschaffung des Menschen als Mann und Frau für lesbische, schwule, bisexuelle und inter- oder transgeschlechtliche Menschen eine »einengende Unterscheidung von ›männlich‹ oder ›weiblich‹« (Söderblom 2020, S. 147) dar. Dieser Einwand ist nicht schlüssig, da auch lesbische, schwule und bisexuelle Menschen männlich oder weiblich sind und die drei Formen sexueller Orientierung diese dichotomen Kategorien sogar, wie bereits erwähnt, definitorisch voraussetzen. Auch sich als »trans« identifizierende Menschen sind entweder männlich oder weiblich, denn eine Trans-Identifikation ändert nicht das biologische Geschlecht eines Menschen. Sogar intergeschlechtliche Menschen mit Varianten der Geschlechtsentwicklung (DSD) sind in den allermeisten Fällen als männlich oder weiblich zu definieren, weil ihre Körper trotz beispielsweise uneindeutiger Genitalien entweder auf die Produktion von Eizellen oder auf die Produktion von Samenzellen angelegt sind – auch dann, wenn diese Produktion aus unterschiedlichen Gründen nicht zustande kommt. Nur bei sehr seltenen Varianten haben Menschen sowohl Hoden- als Eierstockgewebe, aber niemals eine dritte Art von Keimzellen (Stock 2021).

Söderblom (2020, S. 147) liest in der Unterscheidung männlich-weiblich in Genesis 1,27 auch eine Ablehnung homosexueller Lebensformen und kommentiert:

6 ›Queere Theologie‹ als Teil inklusiver Religionspädagogik?

»Nach queerem Verständnis sind Menschen in ihrer sexuellen und geschlechtlichen Vielfalt ein gleichwertiger Teil von Gottes guter Schöpfung. Dafür ist es nicht notwendig, dass sie sich eindeutig als Mann oder Frau bezeichnen. Genauso wenig, wie sie dafür heterosexuell leben müssen.« Auch diese heteronormative Lesart von Genesis 1,27 ist nicht nachvollziehbar. Trotz der nachfolgenden Aufforderung an Mann und Frau, fruchtbar zu sein (Genesis 1,28), spielen Beziehungsformen hier keine Rolle. Sehr klar formuliert dies die Alttestamentlerin Kathrin Gies, wenn sie darauf hinweist, dass Genesis 1,27–28 Heterosexualität als Bedingung für die Vermehrung des Menschengeschlechts voraussetzt, ohne dabei zu beabsichtigen, »diese als einzige naturgemäße Möglichkeit menschlicher […] Sexualität zu normieren« (Gies 2023, S. 125). Sicher spielt es hierbei eine Rolle, dass es in der ersten Schöpfungsgeschichte »nicht um Individuen geht, die geschaffen werden, sondern um den Menschen schlechthin, den es in männlicher und weiblicher Ausprägung gibt« (Gies 2023, S.114). Die Möglichkeit der Fortpflanzung sichert ihren Fortbestand. Zu diesem anthropologischen Faktum gibt es keine Alternative.

Der Alttestamentler Jan Gertz beschreibt in seinem Genesis-Kommentar, dass

> »die biologische Unterscheidung von männlichen und weiblichen Exemplaren beim Menschen die einzige nennenswerte Differenzierung darstellt, während eine Differenzierung nach geographisch lokalisierbaren Varietäten in Hautfarbe, Körperbau etc., aber auch kulturell ausgebildete Unterschiede zwischen den Menschen keine Rolle spielen […]. Im Hintergrund der Formulierung ›männlich und weiblich schuf er sie‹ steht sicher die verbreitete Vorstellung eines Urpaares, von dem alle Menschen herkommen« (Gertz 2021, S. 75).

An verschiedenen Stellen kritisiert Söderblom (2020) diese Zweigeschlechtlichkeit als »rigide Konstruktion«, die angeblich naturgegeben sein würde. Nun ist ausgerechnet die Schöpfung der Menschen als Mann und Frau (auf Hebräisch: männlich und weiblich) eine der wenigen Stellen der Schöpfungsgeschichte, die mit der modernen Evolutionsbiologie kompatibel ist (vgl. Stirn & Ponseti 2019, S. 132 ff.; Hilton & Wright 2024, S. 16 ff.). Rigide Konstruktionen sind dagegen kulturelle Gendernormen, die in Form von Geschlechterklischees und traditionellen Rollenbildern Schüler und Schülerinnen bei der Entfaltung ihrer individuellen Persönlichkeiten und Begabungen erheblich einschränken können. Jungen und Mädchen durch innovativen und differenzsensiblen Unterricht auf repressive Gendernormen aufmerksam zu machen und ihnen eine reflektierte, individuelle Entscheidung zum eigenen Lebensstil zu ermöglichen, ist Aufgabe einer inklusiven Religionspädagogik der Vielfalt.

Söderblom zufolge zeigen einige biblische Geschichten, dass »Menschen mit nicht eindeutigen Geschlechtsidentitäten schon immer bekannt waren« (Söderblom 2020, S. 151). Als zentraler biblischer Text in diesem Zusammenhang nennt sie die Geschichte vom äthiopischen Kämmerer in Apostelgeschichte 8,26–39, die sie in ihrem Beitrag aus queerer Perspektive rekonstruiert. Im griechischen Grundtext wird der Kämmerer gleich am Anfang der Geschichte als Eunuch benannt (8,27). Nach Söderblom (2020, S. 151) waren Eunuchen »Menschen mit uneindeutigen Geschlechtsmerkmalen oder sie waren kastriert«, also entweder Männer mit Varianten der Geschlechtsentwicklung (DSD) oder Männer, denen die Keimdrüsen (Gonaden) entfernt oder außer Funktion gesetzt wurden. Hiermit ist unweigerlich die Zeugungsunfähigkeit verbunden. Ob nun intersexuell oder (zwangs)kastriert, in beiden Fällen bezieht sich der Begriff Eunuch auf eine körperliche Begebenheit. Nicht ersichtlich ist also, weshalb Söderblom in Bezug auf biblische Eunuchen von »Menschen mit uneindeutigen Geschlechtsidentitäten« (Söderblom 2020, S. 153) spricht. Allenfalls würde dies zutreffen, wenn es sich um eine freiwillige Kastration handeln würde von einem sich als Frau identifizierenden Mann. Dafür gibt es allerdings in Apostelgeschichte 8,26–39 keine Hinweise.[22] Doch sogar, wenn dies der Fall wäre, bliebe es Tatsache, dass der äthiopische Kämmerer von Lukas in 8,27 explizit als Mann (auf Griechisch: *aner*) eingeführt wird und somit die Bibel

---

22 Söderblom selbst scheint davon auch nicht auszugehen. Im Jahr 2017 nannte sie den äthiopischen Kämmerer explizit einen »schwarzen Intersexuellen« (Söderblom 2017, o. S.).

diese »weibliche Geschlechtsidentität« gerade nicht anerkennen würde. Hier gibt es nicht die geringste Spur von Uneindeutigkeit. Nach dem Neutestamentler Matthias Becker (2024, S. 97) zeigen Apostelgeschichte 8,27 wie auch weitere Bibelstellen, »dass Eunuchen in der biblischen Literatur trotz ihren physischen Merkmalen und Zeugungsunfähigkeit nicht – wie in antiken Diskursen möglich – als androgyne Zwitterwesen [...], sondern als biologische Männer gelten«. Vielleicht könnte man sogar sagen, dass die biblischen Schriften hier eine Art »Gegenkultur« bilden (dazu ausführlich: Becker 2024). Becker zufolge gilt dies auch für Matthäus 19:

> »Auch in der binären Logik des matthäischen Jesus stehen sie [die Eunuchen JN] klar aufseiten des ›Männlichen‹ (Matthäus 19,4). Ferner folgt aus der androzentrischen Formulierung des Scheidungsverbots im unmittelbaren Kontext (Matthäus 19,9), dass die androzentrische Perspektivität des matthäischen Jesus auch auf die Eunuchen zutrifft« (Becker 2024, S. 97).

Söderbloms Auslegung berücksichtigt diese textuellen Gegebenheiten in keiner Weise.

Eine queere Rekonstruktion der Geschichte des äthiopischen Kämmerers überzeugt also nicht. Für eine inklusive Religionspädagogik der Vielfalt könnte genau diese Geschichte dennoch große Bedeutung haben. Für manche Theologen hat sie mit Blick auf die Vermittlung von biblischen Texten an Angehörigen marginalisierter Minderheitsgruppen geradezu programmatischen Charakter. Keiner hat das so anschaulich in Worte gefasst wie der damalige Landesbischof der Evangelischen Kirche in Baden Ulrich Fischer im Jahr 2006:

> »Oft habe ich diese Geschichte von der Taufe des schwarzen Schatzmeisters aus Äthiopien durch den Evangelisten Philippus im Religionsunterricht erzählt [...] Wenn wir [...] Menschen helfen wollen, das Spiel ihres Lebens zu lesen, dann müssen wir ihre Lebenswirklichkeit und ihre Lebenserfahrungen ebenso wahrnehmen und deuten wie auch die Lebenserfahrungen, die in den Texten der Bibel ihren Niederschlag gefunden haben. Ich kann mir das Gespräch, das Philippus auf der Kutsche mit dem Kämmerer geführt hat, gar nicht anders vorstellen, als dass er beides getan hat: Er wird mit dem Kämmerer über dessen Lebenserfahrungen als kastrierter schwarzer Finanzbeamter am Hof der äthiopischen Königin gesprochen haben. Und er wird ihm

6.3 Queere Bibelauslegung kritisch analysiert

erzählt haben von seinen lebensrettenden Erfahrungen mit Jesus Christus, der sich für uns Menschen dahingegeben hat wie ein Schaf zur Schlachtung. Und indem der Kämmerer seine eigenen Lebenserfahrungen zu jenen in Beziehung setzte, die aus den Texten der Bibel zu ihm sprachen, entdeckte er eine neue Dimension des Lebens, die ihm bis dahin verschlossen war« (Fischer 2006, o. S.).

Unter der Überschrift »Zwischenbilanz« schreibt Söderblom, dass sich die biblischen Hinweise zum Thema Geschlechteridentität am Ende nicht auf Einzelverse gründen, sondern auf die hermeneutische Mitte der Bibel, nämlich die Verkündigung Jesu beziehungsweise das so genannte Doppelgebot der Liebe:

> »Es verpflichtet jeden einzelnen Menschen zur Gottesliebe wie zur Liebe gegenüber sich selbst und dem Nächsten – auch und gerade gegenüber denjenigen die als anders und fremd gelten. Die Gebote der Nächstenliebe und der Feindesliebe verbieten es zudem, Mitmenschen abzuwerten oder auszugrenzen, auch wenn deren Lebensweisen oder Lebensformen als provokant erscheinen« (Söderblom 2020, S. 154 f.).

Selbstverständlich sollen transidentifizierende Kinder im Religionsunterricht niemals abgewertet oder gar ausgegrenzt werden. Ihnen steht die volle Teilhabe zu. Das Gebot zur Nächstenliebe kann allerdings nicht bedeuten, dass im Rahmen einer christlichen Ethik transidentifizierende Jungs zwingend als Mädchen angesprochen werden müssen und umgekehrt.

Wie oben beschrieben, hat die Bibel – wie die Biologie – ein materielles Verständnis von Geschlechtern als männliche und weibliche Körper (dazu ausführlich: Nierop 2022a und 2022b). Wer diese Definition von Geschlecht im Klassenraum zugunsten eines entkörperten Identitätsbegriffs aufgibt, wird nicht nur viele Kinder verwirren, sondern ihnen auch die Chance nehmen, sich mit ihrem Geschlecht auf eine vertiefte und reflektierte Weise auseinanderzusetzen. Nächstenliebe bedeutet, die Kinder bei diesem Prozess sensibel zu begleiten und vor jeder biologistischen oder essentialistischen Engführung – wie es sie in der Vergangenheit öfter gegeben hat – zu bewahren.[23]

6.4 Fazit – und Entwicklungen in den evangelischen Landeskirchen

Kann bzw. sollte queere Theologie Teil einer inklusiven Religionspädagogik der Vielfalt sein oder nicht? In den beiden vorangegangenen Abschnitten habe ich dargelegt, dass queere Theologie die Absichten einer inklusiven Religionspädagogik der Vielfalt nicht sinnvoll ergänzt, sondern ihnen vielmehr in einigen Punkten diametral zuwiderläuft. Die inklusive Religionspädagogik sollte sich deshalb entscheiden: Entweder ersetzt sie ihre zentrale Kategorie Geschlecht explizit an allen Stellen durch die Kategorie Geschlechtsidentität und formuliert ihre Vorhaben ganz neu oder sie bleibt bei der Kategorie Geschlecht und lehnt ihre stellenweise Ersetzung durch die Kategorie Geschlechtsidentität im Rahmen einer »queeren Religionspädagogik« rundweg ab.

Möglich wäre es natürlich, die Kategorie Geschlechtsidentität neben Geschlecht als extra Kategorie einzuführen. Mir leuchtet das allerdings nicht ein, haben mich doch die queeren Bibelanalysen in keiner Weise überzeugt. Der Begriff Geschlechtsidentität hat in meinen Augen weder ein biblisches Äquivalent noch eine biblische Grundlage. Außerdem wird jede Beschreibung so genannter männlicher, weiblicher oder sogar »non-binärer« Geschlechtsidentitäten zwangsläufig regressive Geschlechterstereotypen bemühen und

---

23 Vgl. dazu die Herausgeberinnen und Herausgeber des Bandes: »Das biologistisch oder essentialistisch orientierte Konzept ging von einer dualistischen Zweigeschlechtlichkeit aus, das männlich und weiblich gegenüberstellt und qua Geschlecht bestimmte Eigenschaften, Rollen etc. zuweist« (Knauth, Möller & Pithan 2020, S. 25).

6.4 Fazit – und Entwicklungen in den evangelischen Landeskirchen

somit ausgerechnet die Klischees bestätigen, die eine kritische Religionspädagogik der Vielfalt beseitigen möchte.

Umso erstaunlicher ist es, dass gerade der Begriff Geschlechtsidentität im Bereich der evangelischen Landeskirchen immer breiter rezipiert wird. Schon im Jahr 2020 hatte ihr höchstes Gremium, der Rat der EKD, die Arbeit ihres Referats für Chancengerechtigkeit neu formuliert. Seit 2005 wurde die Kernaufgabe des Referates in seiner Ordnung folgendermaßen beschrieben:

»Die Arbeit des Referates für Chancengerechtigkeit hat das Ziel, die Gemeinschaft von Frauen und Männern in der Evangelischen Kirche in Deutschland zu fördern. Dabei nimmt es die gesellschaftlich, sozial und kulturell geprägten Geschlechtsrollen in den Blick (Gender-Ansatz). Das Referat unterstützt Frauen und Männer darin, sich aufgrund ihrer Gaben, Interessen und Neigungen zu entwickeln und zu entfalten und ihren Lebensweg und ihre soziale Rolle entsprechend zu wählen. Es empfiehlt Maßnahmen zum Abbau direkter wie indirekter Benachteiligung und zur verbesserten Vereinbarkeit von Familie und Beruf bei Frauen und Männern. Es wirkt bei deren Umsetzung mit« (EKD 2005, S. 277).

In der neuen Ordnung heißt es nun:

»Die Arbeit des Referates hat das Ziel, die Chancengerechtigkeit in der Evangelischen Kirche in Deutschland (EKD) zu fördern. Das Referat wirkt darauf hin, dass sich Menschen unabhängig von ihrer Geschlechtsidentität und sexuellen Orientierung entwickeln, ihre Gaben, Interessen und Neigungen entfalten und ihren Lebensweg und ihre sozialen Rollen entsprechend wählen können. Dabei nimmt es die historisch, sozial und kulturell geprägten Geschlechtsrollen in den Blick (Gender-Ansatz) und berücksichtigt Verschränkungen mit anderen Diversity-Kriterien, wie Alter, Behinderung und ethnische Herkunft. Es empfiehlt Maßnahmen zum Abbau unmittelbarer und mittelbarer Benachteiligung und zur verbesserten Vereinbarkeit von Familie, Beruf und Privatleben. Es wirkt bei deren Umsetzung mit« (EKD 2020, S. 122).

Wenn man beide Texte miteinander vergleicht, fällt nicht nur auf, dass von Frauen und Männer in der neuen Fassung nicht mehr die Rede ist, sondern auch, dass hier der Begriff Geschlechtsidentität neu aufgenommen wurde (neben dem der sexuellen Orientierung). Nur in der hinzugefügten Präambel der Ordnung ist noch von Geschlecht und von Frauen und Männern die Rede.[24] Ganz am Ende der Präambel erklärt der Rat der EKD, dass die Neufassung der Ordnung »im Lichte aktueller Erkenntnisse über Geschlechtlichkeit« (EKD 2020, S. 122) geschieht. Die EKD funktioniert quasi als Dachverband aller zwanzig evangelischen Landeskirchen in Deutschland. Die Landeskirchen sind allerdings weithin selbstständig und tragen entweder eine lutherische, eine reformierte oder eine unierte Signatur. Sie sind in sehr unterschiedlichem Maß progressiv geprägt. Wenn die EKD bei (sozial) ethischen Themen eine Richtung vorgibt, bleibt es stets die Frage, ob und wann und inwiefern die Landeskirchen folgen.

Im Herbst 2023 hat die Evangelisch-Lutherische Kirche in Norddeutschland (kurz: die Nordkirche) ein »Gesetz zur Berücksichtigung der Geschlechtervielfalt« angenommen, das laut Präses der Landessynode Ulrike Hillmann »die Anerkennung und Gleichberechtigung aller Geschlechter – weiblich, männlich, divers sowie nicht-binär – in der Nordkirche gesetzlich verankert« (Hillmann, zit. nach Schulz für die Nordkirche 2023, o. S.). Die Nordkirche hat ungefähr 1,8 Millionen Mitglieder und ist die fünftgrößte evangelische Landeskirche in Deutschland. Glücklicherweise hat der Begriff Geschlechtsidentität keinen Eingang in den Gesetzestext gefunden (obwohl das Zitat von Hillmann durch die Verwendung von »non-binär« eine solche faktisch voraussetzt).

Das Gleiche gilt jedoch nicht für den Text »Gesetzesfolgenabschätzung – Kirchengesetz zur Verwirklichung der Geschlechtergerechtigkeit« der Kinder- und Jugendvertretung der Nordkirche. In

---

24 »In der urchristlichen Taufverkündigung wird Menschen unabhängig von ihrem Geschlecht das Einssein in Christus (Gal 3,28) und damit Befreiung, Ebenbürtigkeit und gleiche Würde zugesichert. Mit ihren Beschlüssen zur Gemeinschaft von Frauen und Männern hat die Synode der Evangelischen Kirche in Deutschland 1989 in Bad Krozingen bekräftigt, dass das Engagement für Geschlechtergerechtigkeit Teil des ureigenen Auftrags der Kirche ist« (EKD 2020, S. 122).

6.4 Fazit – und Entwicklungen in den evangelischen Landeskirchen

ihrer Stellungnahme wird das geplante Gesetz ausdrücklich begrüßt. Positiv hervorgehoben wird, dass es die Nordkirche herausfordert,

> »geschlechtliche Vielfalt in allen Handlungsfeldern zu berücksichtigen. Sie wird damit zu einer geschlechtlichen Vielfalt unter den Personen, die die Nordkirche repräsentieren, gelangen. Diese gelebte Vielfalt ist geeignet, Kindern, Jugendlichen und jungen Erwachsenen in der Bildung der eigenen Geschlechtsidentität Vorbild zu sein« (Nordkirche 2023, S. 3.).

Die Kinder- und Jugendvertretung der Nordkirche hat nicht nur die Vorbildfunktion des Gesetzes für die Bildung einer eigenen Geschlechtsidentität von Kindern und Jugendlichen im Blick, sondern thematisiert auch schon vorausschauend seine praktischen Konsequenzen: »Als Auswirkung auf das Gesetz werden weitere Fragen entstehen: zum Beispiel in Bezug auf das Vorhalten von geschlechtsneutralen Sanitäranlagen oder bei Fragen der Unterbringung im Rahmen von Freizeiten für junge Menschen« (Nordkirche 2023, S 3). Sie bittet deshalb darum, »entsprechende Ressourcen für Beratung, ggf. Umbauten und (sexual-)pädagogische Konzepte zu bedenken« (Nordkirche 2023, S. 3).

Mit einem demensprechenden pädagogischen Beratungsangebot für Menschen, die innerhalb der Organisation haupt- oder ehrenamtlich mit Jugendlichen arbeiten, wartete die mittelgroße Evangelische Landeskirche in Baden Anfang des Jahres 2024 auf. Beworben wurde die Veranstaltungsreihe »Trans* und nichtbinäre Jugendliche verstehen und unterstützen«, die über psychologische, theologische und rechtliche Aspekte eines jugendlichen »Outings« informieren sollte. Aus dem Begleittext geht klar hervor, dass Geschlecht hier nicht mehr als Körper, sondern als eine selbstempfundene Identität verstanden wird:

> »Immer häufiger outen sich Kinder und Jugendliche als trans* oder nichtbinär: ihr bei der Geburt zugewiesenes Geschlecht stimmt nicht mit dem überein, was sie in sich als ihr Geschlecht wissen. Wie können Personen in haupt- und ehrenamtlicher Verantwortung gut und hilfreich mit ihnen umgehen? Was bedeutet es, wenn eine Person trans* oder nichtbinär ist?« (Ev. Landeskirche in Baden 2024b, o. S.).

6 ›Queere Theologie‹ als Teil inklusiver Religionspädagogik?

Wie sieht es in anderen Landeskirchen aus? Das Amt für kirchliche Dienste in der Evangelischen Kirche Berlin-Brandenburg-schlesische Oberlausitz bot im April 2024 eine explizit religionspädagogische Veranstaltung an unter dem Titel »Let's talk about sex. Queersensible Sexualpädagogik«. Hier wurden Religionslehrkräften »grundlegende Basics der sexuellen Orientierung und geschlechtlichen Identität« (Ev. Kirche Berlin-Brandenburg-schlesische Oberlausitz 2024, o. S.) vermittelt. Speziell für Religionslehrkräfte der 2. Sekundärstufe organisierte das Evangelische Schulreferat Düsseldorf der Evangelischen Kirche im Rheinland ebenfalls im April 2024 die Fortbildung »Transgender. Gott schuf den Menschen in seiner Vielfalt«. Die Veranstaltung fragte danach, wie sich »Wege für ein gender- und diversitätssensibles Miteinander von Menschen unterschiedlicher Geschlechteridentität« (Ev. Kirche im Rheinland 2024b, o. S.) finden lassen und sah hier gerade den Religionsunterricht in der Pflicht: »Gerade der Religionsunterricht bietet Raum, mit Heranwachsenden theologische Grundlagen für inklusives Miteinander in Schule und Gesellschaft zu reflektieren und einzuüben« (Ev. Kirche im Rheinland 2024b, o. S.).

So scheinen sich die EKD und manche evangelischen Landeskirchen entschieden zu haben, anstatt von Geschlecht fortan von Geschlechtsidentität zu sprechen und dabei das Thema Transgender affirmativ in die Kinder- und Jugendarbeit und den Religionsunterricht zu integrieren. Andere halten sich noch bedeckt und äußern sich zum Thema nicht. So wie die vielfaltsorientierte inklusive Religionspädagogik als Fach am Scheideweg steht, tun dies auch die evangelischen Landeskirchen: Bleibt Geschlecht bei ihnen weiterhin eine körperliche Kategorie oder verlassen sie den Boden des biblischen binären und materiellen Geschlechterverständnisses zugunsten eines wissenschaftlich anfechtbaren Identitätsbegriffs? Die Zukunft wird es zeigen.

6.5 Literatur

Becker, M. (2024): Ehe, Familie und Agamie. Die Begründung von Lebensformen angesichts gesellschaftlicher Pluralität im Neuen Testament und heute. Tübingen: Mohr Siebeck.

Evangelische Kirche in Deutschland (2005): Ordnung für das Referat für Chancengerechtigkeit der Evangelischen Kirche in Deutschland. Vom 22./23. April 2005. Amtsblatt der Evangelischen Kirche in Deutschland 7, 277–278.

Evangelische Kirche in Deutschland (2020): Ordnung für das Referat für Chancengerechtigkeit der Evangelischen Kirche in Deutschland. Vom 19. Juni 2020. Amtsblatt der Evangelischen Kirche in Deutschland 7, 122–123.

Evangelische Landeskirche in Baden (2024a): Menschen in all ihrer Vielfalt leben und gestalten unsere Kirche. Online verfügbar unter: http://www.ekiba.de/infothek/arbeitsfelder-von-a-z/gleichstellung-diversity-2/, Zugriff am 21.01.2024.

Evangelische Landeskirche in Baden (2024b): Online-Reihe Trans* und nichtbinäre Jugendlichen verstehen und unterstützen. Online verfügbar unter: https://www.ekiba.de/media/download/variant/362382/fortbildung-online-jugendliche.pdf, Zugriff am 21.01.2024.

Evangelische Kirche Berlin-Brandenburg-schlesische Oberlausitz – Amt für kirchliche Dienste (2024): Let's talk about sex. Queersensible Sexualpädagogik. Online verfügbar unter: http://akd-ekbo.de/kalender/lets-talk-about-sex-queersensible-sexualpaedagogik/, Zugriff am 21.01.2024.

Evangelische Kirche im Rheinland – Stabstelle Vielfalt und Gender (2024a): Diversität – Vielfalt gestalten! Online verfügbar unter: http://gender.ekir.de/inhalt/diversitaet/, Zugriff am 21.01.2024.

Evangelische Kirche im Rheinland – Schulreferat Evangelisch in Düsseldorf (2024b): Transgender. Gott schuf den Menschen in seiner Vielfalt. Online verfügbar unter: http://schulreferat-evdus.de/blog/11-04-2024-transgender-6597c8c9a7184e8ff88cdba7/, Zugriff am 21.01.2024.

Fischer, U. (2006): Gottesdienst zum 75-jährigen Jubiläum des Posaunenchors Dossenheim am 23.07.2006; Predigt vom Landesbischof Dr. U. Fischer. Auslegung der Bibel und Auslegung des Lebens. Zu Apostelgeschichte 8, 26–39. Online verfügbar unter: http://www.ekiba.de/detail/nachricht-seite/id/1924-auslegung-der-bibel-und-auslegung-des-lebens/?cat_id=136, Zugriff am 21.01.2024.

Gertz, J. C. (2021): Das erste Buch Mose (Genesis). Die Urgeschichte Gen 1–11. Göttingen: Vandenhoeck & Ruprecht.

Gies, K. (2023): (Un-)gerechte Texte und (un-)gerechte Lektüren. Ein biblisches ›anything goes‹? Überlegungen zu den Schöpfungserzählungen. In: A. Schmitt, L. Janneck, S. Huber & S. Bertold (Hrsg.), (Un-)Gerechtigkeit? Beteiligung des Christentums an einer (un-)gerechten Welt (S. 109–132). Reihe Bamberger Theologische Studien 43, Bamberg: University of Bamberg Press.

Hilton, E. & Wright, C. (2023): Two Sexes. In: A. Sullivan & S. Todd, Sex and Gender. A Contemporary Reader (S. 16–34). London, New York: Routledge.

Jakobs, M. (2020): Eine genderbewusste Religionspädagogik der Vielfalt. In: T. Knauth, R. Möller & A. Pithan (Hrsg.), Inklusive Religionspädagogik der Vielfalt. Konzeptionelle Grundlagen und didaktische Konkretionen (S. 213–223). Münster, New York: Waxmann.

Knauth, T., Möller, R. & Pithan, A. (Hrsg.) (2020): Inklusive Religionspädagogik der Vielfalt. Konzeptionelle Grundlagen und didaktische Konkretionen. Münster, New York: Waxmann.

Korte, A. (2022): Wir wissen nicht, was wir da anrichten. In: A. Schwarzer & Ch. Louis (Hrsg.), Transsexualität. Was ist eine Frau? Was ist ein Mann? Eine Streitschrift (S. 109–118). Köln: Kiepenheuer & Witsch.

Nierop, J. (2022a): Geschlechtliche Selbstbestimmung. Überlegungen im Spiegel alttestamentlicher Theologie. Deutsches Pfarrerblatt 6, 344–347.

Nierop J. (2022b): Geschlecht und Kirche. Praktische Theologie und Genderforschung. Stuttgart: Kohlhammer.

Nordkirche – Ausschuss Gesetzesfolgenabschätzung der Kinder- und Jugendvertretung (2023): Gesetzesfolgenabschätzung – Kirchengesetz zur Verwirklichung der Geschlechtergerechtigkeit – 10.01.2023. Online verfügbar unter: http://www.nordkirche.de/fileadmin/user_upload/Synodenportal/Dokumente_2023/Synode_092023_TOP_3.1_Kirchengesetz_zur_Beruecksichtigung_der_Geschlechtervielfalt.pdf, Zugriff am 21.01.2024.

Pithan A. (1995): Differenz als hermeneutische Kategorie im Vermittlungs- und Aneignungsprozess. In: U. Becker & Ch. Scheilke (Hrsg.), Aneignung und Vermittlung. Beiträge zu Theorie und Praxis einer religionspädagogischen Hermeneutik (S. 94–104). Gütersloh: Gütersloher Verlagshaus.

Pithan, A. (1999): Mädchen zwischen Selbstbewußtheit und Fremdbestimmung. In: S. Ahrens S. & A. Pithan (Hrsg.), KU – weil ich ein Mädchen bin. Ideen – Konzeptionen – Modelle für mädchengerechten KU (S. 27–37). Gütersloh: Gütersloher Verlagshaus.

Schreiner, P. (2020): Vorwort. In: T. Knauth, R. Möller & A. Pithan (Hrsg.), Inklusive Religionspädagogik der Vielfalt. Konzeptionelle Grundlagen und didaktische Konkretionen (S. 9–10). Münster, New York: Waxmann.

Schulz, D. für die Nordkirche (2023): Landessynode beschließt Gesetz zur Berücksichtigung der Geschlechtervielfalt in der Nordkirche. Online verfügbar unter: https://www.nordkirche.de/nachrichten/nachrichten-detail/nachricht/landessynode-beschliesst-gesetz-zur-beruecksichtigung-der-geschlechtervielfalt-in-der-nordkirche, Zugriff am 21.01.2024.

Söderblom, K. (2017): Que(e)r gelesen: Der Eunuch aus Äthiopien. Online verfügbar unter: http://www.evangelisch.de/blogs/kreuz-queer/146150/04-10-2017, Zugriff am 21.01.2024.

Söderblom, K. (2020): Queere Theologie als Dimension einer inklusiven Religionspädagogik der Vielfalt. In: T. Knauth, R. Möller & A. Pithan (Hrsg.), Inklusive Religionspädagogik der Vielfalt. Konzeptionelle Grundlagen und didaktische Konkretionen (S. 147–157). Münster, New York: Waxmann.

Söderblom, K. (2023): Queersensible Seelsorge. Göttingen: Vandenhoeck & Ruprecht.

Splitt, C. für die EKD (2021): Bedford-Strohm: »Die Welt braucht dieses Zeugnis«. Evangelische Kirche stellt Grundlagentext zur Bedeutung von Kirche und Evangelium für den Diskurs in einer pluralistischen Gesellschaft vor. Online verfügbar unter: http://www.ekd.de/woche/2010/kirche-stellt-grundlagentext-vielfalt-und-gemeinsinn-vor-69223.htm, Zugriff am 21.01.24.

Stirn, A. & Ponseti, J. (2019): Wie viele Geschlechter gibt es und kann man sie wechseln? Zeitschrift für Sexualforschung 32 (3), 131–147.

Stock, K. (2021): Material Girls. Why Reality Matters for Feminism. London: Fleet little brown book group.

AutorInnenverzeichnis

Die Autorinnen und Autoren

Ahrbeck, Bernd, Prof. Dr., Diplom-Psychologe, Erziehungswissenschaftler, Psychoanalytiker. International Psychoanalytic University Berlin (IPU).
Schwerpunkte: Psychoanalytische Pädagogik, Bildungsforschung, Kulturtheorie.

Danz, Simone, Prof. Dr. phil., Diplom-Pädagogin, Master of Business Administration. University of Applied Sciences, Frankfurt am Main.
Schwerpunkte: Theorie der Behinderung, Normalitätskonstruktionen, Menschenrechtsbildung, Bildungsgerechtigkeit, Teilhabe und Inklusion.

Etschenberg, Karla, Prof. i. R. Dr., Diplom-Pädagogin, Lehrerin. Universität Flensburg, Institut für Biologie und Sachunterricht und ihre Didaktik.
Schwerpunkte: Didaktik der Biologie, Humanbiologie, Gesundheits- und Sexualerziehung.

Felder, Marion, Prof. Dr., Diplom-Heilpädagogin, Master of Education (M. Ed.). Hochschule Koblenz, Fachbereich Sozialwissenschaften.
Schwerpunkte: Inklusion und Rehabilitation.

Klissenbauer, Monika, Diplom-Biologin.
Schwerpunkte: medizinisches Datenmanagement. Als Betroffene aktiv in der Autismus-Selbsthilfe.

Nierop, Jantine, PD Dr., Theologin, Pfarrerin und Religionslehrerin. Schwerpunkte: Predigt, Seelsorge, Religionsunterricht und theologische Geschlechterforschung.

Stammer, Heike, Prof. Dr., Diplom-Psychologin. Evangelische Hochschule Ludwigsburg. Schwerpunkte: Psychotherapie, Systemische Paar- und Familientherapie und Systemische Supervison.